R & B

Mark van Huisseling

Wie man berühmte Menschen trifft

53 Gespräche mit Prominenten

ROGNER&BERNHARD

1. Auflage, Februar 2009
© 2009 Rogner & Bernhard GmbH & Co. Verlags KG, Berlin
ISBN 978-3-8077-1050-1

Alle Rechte vorbehalten

Lektorat: Florian Kohl, Berlin
Umschlaggestaltung: Philippa Walz und Andreas Opiolka, Stuttgart
Layout und Herstellung: Leslie Driesener, Berlin
Satz: deutsch-türkischer fotosatz, Berlin
Druck und Bindung: Tlaciarne BB, spol. s r.o.
Printed in Slowak Republic 2009

Inhalt

Bedienungsanleitung zu diesem Buch
(owner's manual) 7
Blixa Bargeld · Herr Emmerich 9
Jane Birkin · Das V-Wort 13
Roberto Blanco · Der Ballermann 17
Pierre Brice · Der Held 21
Bazon Brock · Der Klügste 25
Tyler Brûlé · Die Stilblüte 29
Dolly Buster · Der Bauch 33
Mariah Carey · Die Beine 37
Cher · La Cher 41
Jimmy Cliff · Die Evolution 45
Joe Cocker · Mister Grantig 49
Sarah Connor · Der Name der Hose 53
Willem Dafoe · Interview mit einem Vampir 57
Jan Delay · Der Styler 61
Rolf Eden · Mister Big 65
Martin Eder · Der Pinsel 69
Sophie Ellis-Bextor · Die Blonde 73
Samuel Eto'o · Die Textbotschaft 77
Marianne Faithfull · Die Späte 81
Herbert Feuerstein · Die Witzdichte 85
The Game · Die Hose 89
Jerry Hall · Das Maß 93
Heino · Die Haselnuss 97
Wolfgang Joop · Der Ästhet 101
Udo Jürgens · Der Verführte 105
Schorsch Kamerun · Der Jugendliche 109
Sarah Kuttner · Das TV-Mädchen 113
James Last · Die Last 117

Juliette Lewis · Der Finger 121
Udo Lindenberg · Der Nuschelrocker 125
Mahara McKay · Die Älplermagrone 129
Malcolm McLaren · Der Kater 133
Alexander McQueen · Beim König 137
Reinhold Messner · Der Gipfel 141
Kylie Minogue · Freie Sicht auf Kylie 145
Roger Moore · Sir Glück 149
Helmut Newton · Pussy und Helmie 153
Désirée Nick · Das Niveau 157
Verona Pooth · Susi Schnatter 161
Sven Regener · Die Trompete 165
Marcel Reif · Das Feinbein 169
Stephan Remmler · Der Trio 173
Gitta Saxx · Frau Hase 177
Christoph Schlingensief · Der Dada 181
Harald Schmidt · Friendly Harry 185
Friendly Harry, 2. Teil 189
Tilda Swinton · Die Riesencrevette 193
Taki Theodoracopulos · Der Silberrücken 197
Sven Väth · Der Alte 201
René Weller · Der Boxer 205
Wim Wenders · Die Fackel 209
Klaus Wowereit · Der Joker 213
Mark van Huisseling · Der Letzte 217
Bildnachweis 221

Bedienungsanleitung zu diesem Buch
(owner's manual)

Bei den Texten in diesem Buch handelt es sich um eine Auswahl von Kolumnen, die ich zwischen 2003 und 2006 in der *Weltwoche*, einer Zeitschrift aus Zürich, veröffentlichte. Die Arbeitsbedingungen, unter denen die Texte entstanden, entsprachen dem normalen journalistischen Alltag und nicht der Ausgangslage, die man für Buchbeiträge vielleicht erwartet: Die Interviews dauerten oft nur Minuten, und die Befragten wussten häufig nicht, in welchem Medium und auf welche Weise die Wiedergabe ihrer Antworten erfolgen sollte (nicht zuletzt, weil sie oder ihre Mitarbeiter sich in den meisten Fällen nicht die Zeit nahmen, sich die zuvor verlangten Textmuster anzusehen). Und schließlich mussten zahlreiche Texte nach dem Gespräch auf schriftlichem Wege autorisiert werden, wobei es auch zu Auseinandersetzungen kam (siehe Epiloge).

Zu Beginn der Serie, im Jahr 2002, bemühte ich mich, meine Antwortgeber mit besonders tiefgehenden oder – so dachte ich zumindest – gescheiten Fragen zu »öffnen«. Das habe ich jedoch bald wieder aufgegeben aus zwei Gründen: Zum einen, weil es manchmal nicht gelang, und zum anderen, weil man – wenn es denn geklappt hatte – oft nur staunen konnte, wie wenig zu finden war, nachdem man durch die Oberfläche dorthin vorgedrungen war, wo der Kern des Wesens sein sollte. Oder wie Wolfgang Joop, einer meiner Interviewpartner, sagte: »Selbstfindung und dieser ganze Quatsch ... Manche Leute würden staunen, wenn sie sich gefunden haben, wie wenig da ist.«

Ich beschloss deshalb ziemlich bald, konzeptionell vorzugehen. Also die Rahmenbedingungen, unter denen die Interviews stattfanden, nicht als Problem, sondern als Lösung zu verstehen. Dabei kam mir entgegen, dass es mich von Anfang an langweilte, mit, zum Beispiel, Mark Knopfler von Dire Straits über sein neues Album oder Gitarrenmusik im Allgemeinen zu sprechen. (Ich hatte auch insofern Glück, als meine Chefredakteure das nie verlangten, ihnen ein aktueller Aufhänger oder etwas Ähnliches egal war.) Spannender ist es doch, einen angeblichen Popstar wie Knopfler zu fragen, was er so in seiner Freizeit macht, und dann zu erfahren, dass er meistens in der Küche sitzt und Musik von Norah Jones hört. So kam es, dass ich an der dünnen Oberfläche, an der ich mit meinen Interviews blieb, recht viel finden konnte, das tiefe Einblicke erlaubte, jedenfalls in meinen Augen.

Zum Schluss eine Frage, die mir immer wieder gestellt wurde und die auch meine Chefredakteure umtrieb: Weshalb habe ich mich nicht in die Isolation geschrieben, beziehungsweise wie gelang es mir, immer wieder neue Interviewpartner aufzutreiben? (Es handelte sich ja nicht um eine vorproduzierte Reihe, die erst veröffentlicht wurde, nachdem alle Gespräche geführt worden waren.) Ich habe, um die Wahrheit zu sagen, nie eine Antwort auf diese Frage finden können. Nur so viel: Agenten,

PR-Berater etc. und natürlich die sogenannten Berühmtheiten selbst lesen nicht. Zumindest nicht einfach so oder aus Interesse. Sie lesen erst dann, wenn der Kunde respektive sie selbst in der Zeitung auftauchen. Und dann ist es ... zu spät.
Ich wünsche viel Lesevergnügen beim Spaziergang durch meinen Zoo der Alphatiere.

Mark van Huisseling

Herr Emmerich

Blixa Bargeld ist Avantgardekünstler. Seit 24 Jahren. Und tut noch immer vieles, um diesem Klischee zu entsprechen.

»Wo sind wir heute losgefahren? Ach, Paris!«: Blixa Bargeld.

»Mark van Huisseling, freut mich sehr«, sage ich und strecke ihm die Hand hin. Er behält Platz, fasst sich ins Haar, reibt seine Lider. (Die Körpersprache drückt aus: »Mann, bin ich fertig.«) Er öffnet seine Augen wieder und sieht mich und meine dargebotene Hand an wie ein Schutzgeldeintreiber einen 55 Kilo leichten, Brille tragenden Ladenbesitzer, der gesagt hat: »Lassen Sie mich zufrieden, sonst muss ich Ihnen wehtun.« Ich halte seinen Blick, er nimmt stumm meine Hand wie ein Anthropologe, der das Grußritual eines Warao-Indianers nachahmt.

»Herr Emmerich …«

»So nennt mich keiner.«

»Wie darf ich Sie anreden?«, gebe ich mich nichtwissend in Rockstar-Etikette. Er schweigt. (Man verkehrt auf Vornamenbasis, und »Herr« ist so uncool wie Händeschütteln.) Mit »Blixa« spricht eine Zeichentrickfigur in Entenhausen eine andere an, stelle ich mir vor. In der Garderobe des Musikclubs Fri-Son in Freiburg interviewt aber ein 38-jähriger Mann einen 44-Jährigen.

Blixa Bargeld, bürgerlich Christian Emmerich, ist seit über 20 Jahren Sänger und Texter der Berliner Band Einstürzende Neubauten (Motto: »Hör mit Schmerzen«). Platten der Gruppe klingen so, »als sei der Plattenspieler kaputt« (*Süddeutsche Zeitung*). Die Musiker bauen ihre »Instrumente mit innovativen Klangcharakteristiken« (*Neue Zürcher Zeitung*) aus Alteisen, Plastikkanistern oder Pressluftreinrichtungen. Der Frontmann ist eine »Kultfigur« (*Berner Zeitung*), ein »eitler Causeur« (*Tages-Anzeiger*) oder ein »absoluter Dilettant« (er über sich). Er war Gitarrist von Nick Cave, spielte Mephisto in einem Stück von Werner Schwab oder kochte Tintenfischrisotto in Alfred Bioleks Sendung. Jetzt lebt er in Schanghai.

»Nach 20 Minuten sei Schluss, hat mich die Frau von der Plattenfirma ermahnt«, sage ich.

»Mhm, hab ich noch mehr solche …«, reißt sein Satz ab. (»Ein echter Gentleman«, *Gala*.)

»Erzählen Sie von Maria Callas«, bitte ich.

»Die Callas hat mir mal gesagt«, steht in einem Interview mit ihm, »wenn sie singe, habe sie das Gefühl, über ihr richte sich eine Säule auf, die bis in den Himmel reiche.« (»Das vermag ich nachzuvollziehen«, ergänzte er dann.) Er war 17, als die Callas starb.

»Der Vergleich wurde mir zugetragen von Hanns Zischler. Die Callas hab ich nie getroffen. Und die hat auch Hanns Zischler nie getroffen. »Wer war Hanns Zischler?«

Er ist immer noch ein Schauspieler. (Der, der »Im Lauf der Zeit« von Wim Wenders VW Käfer fahre.)

Er fotografierte in den vergangenen Jahren 3000 Hotelbadezimmer. »Welches Hotel hat das schönste Badezimmer?«

»Es ging nie um Schönheit, nicht mal um Badezimmer«, erwidert er wie ein Akademiker, der herausbekommen hat, dass der Befrager seine Tausend-Seiten-Monografie nicht zu Ende gelesen hat.

»Gibt es ein Hotel, das Sie mögen?«

»Wenn man permanent unterwegs ist, legt man keinen Wert darauf, dass ein Hotel wohnlich, persönlich oder irgendwie individuell ist.« Eher das Gegenteil. Ein Ideal wäre, morgens aufzubrechen – »Wo sind wir heute losgefahren? Ach, Paris!« – und abends in einem Hotel derselben Kette anzukommen. »Dieselbe Tapete, dieselbe Seife an derselben Stelle in demselben Badezimmer …« Lemmy von Motörhead habe tatsächlich in London eine Wohnung so eingerichtet wie ein Holiday Inn. (Lemmy kenne er auch nicht persönlich, das sei ihm nur so tradiert worden.) Er möge das Jin Mao Tower in Schanghai; sein liebstes Restaurant sei das Cantamaggio in Berlin.

»Vermissen Sie es, mit Nick Cave zu spielen?«

Nein. Er habe aufgehört mit vielen Sachen.

Unter anderem auch mit dem Rauchen. »Das war schwieriger.«

»Von Gitanes ging also eine stärkere ›addiction‹ aus als von Herrn Cave?«

»Von Herrn Cave ging gar keine ›addiction‹ aus. Das war bloß Gewohnheit.«

»Angeblich haben Sie mal gesagt, Sie liebten es so sehr, interviewt zu werden, dass Sie nötigenfalls die Fragen selbst stellen würden. Richtig?« Er habe bestimmt irgendwann einmal gesagt, dass er eigentlich gegen Interviews nichts einzuwenden habe.

»Aber?«, fasse ich nach.

»Ich mag nur meistens das nicht, was geschrieben wird.«

April 2004

Was seither geschah

Er ist immer noch vielseitig tätig und umtriebig. Im Jahr 2007 kam ein Album seiner Gruppe Einstürzende Neubauten heraus, sonst war er in letzter Zeit mehr als Autor und Leser tätig denn als Musiker oder Performancekünstler. So machte er in den vergangenen Jahren eine Tour, auf der er in verschiedenen Städten in Deutschland und der Schweiz unter anderem Gedichte las. In Berlin bearbeitete er einen Text von J. M. Coetzee, dem Literaturnobelpreisträger aus Südafrika. Seine Homepage gibt dagegen nicht das Bild eines sehr beschäftigten oder erfolgreichen Künstlers wieder: Für das Jahr 2008 war nur ein Eintrag verzeichnet, eine Aufführung in einem Theater in San Francisco, an der er mitwirkte. Er lebt zurzeit in der Stadt in Nordkalifornien sowie in Peking – er ist verheiratet mit einer chinesischen Mathematikerin mit Namen Erin Zhu –, reist aber regelmäßig nach Berlin, wo er zum Beispiel Texte für Hörbücher oder Fernseh-Werbespots aufzeichnet.

Das V-Wort

Man darf ein wenig schwindeln als Kolumnist,
wenn es Jane Birkin glücklich macht, oder?

»Wenn die Sachen schön sind, dann ist das schön«: Jane Birkin, Sängerin und Schauspielerin.

»Heut ist ein feiner Tag, nicht?«

»Ja, ich liebe Regen.«

»Ich bin nicht der Musikredakteur, nebenbei.«

»Dem Himmel sei Dank, ich hab nicht viel zu sagen über Musik.«

»Das letzte Mal, als ich Sie interviewte ...«

»Es schien mir, dass ich Sie kenne.« (Danke, aber you can't bullshit a bullshitter.)

»... sagten Sie: ›Als Frau über fünfzig ist man jenseits von Kritik, fragen Sie Marianne Faithfull.‹«

»Ja.«

»Ich hab sie gefragt, und sie sagte: ›Ich bin nicht sicher, aber was ich denke: Nicht jeder muss mich mögen.‹«

»Ich wär gern ihrer Meinung, weil ich finde, es ist sehr mittelmäßig, wenn man immer bemüht ist, es allen recht zu machen, aber ich brauche die Begeisterung anderer Leute oder ihre Zuneigung. Es macht mich glücklich, wenn andere was Nettes sagen.«

»Mir gefällt Ihr neues Album sehr, und die Kritiken sind auch gut.«

»Ich lese keine, weil ich mich vor den schlechten fürchte.«

»Die, die ich gesehen hab, waren gut.«

»Ja, *Le Monde, Figaro, Parisien* haben mir alle die Titelseite gegeben, und sie waren sehr gut.«

Wir sind im Eden au Lac in Zürich, im Salon Baroque, es gibt darin Tische wie vom Büromöbel-Liquidationsverkauf und Stühle wie Stilmöbel, nur billiger, und ein Flipchart in der Ecke. Sie trägt einen Wollpullover über einem Männerunterhemd aus Baumwolle, Jeans und Stiefel, sie ist also gekleidet wie Obdachlose oder wie Models, wenn sie einkaufen gehen. (Eigentlich sind die Models gekleidet wie sie, sie ist ja stilprägend, stand in der *Vogue*.) Sie ist auch freundlich, aber irgendwie ein bisschen fertig und mit dem Kopf woanders, wie wenn sie gleich auftreten und erst noch den Soundcheck machen müsste oder so. (Es ist aber ein Promo-Tag, nach mir kommt nur noch einer dran, und dann fährt sie nach Hause, nach Paris.)

»Sie sind angezogen, als ob Sie einfach irgendwas aus dem Schrank nehmen würden am Morgen, drum denk ich, dass ein Konzept und viel Planung dahinter sind.«

»Alle meine Sachen sind gleich, und ich hab jedes Teil drei Mal.«

»Aber hinter den meisten Dingen, die scheinbar lässig sind, ist viel Arbeit.«

»Nein, es ist nicht viel Arbeit, ich hab ein paar Prinzipien im Leben: Wenn die Sachen schön sind, dann ist das schön. Ich trag einfach Sachen, die schön waren, irgendwann mal.«

»Und die dann gut altern, oder?«

»Ja, im Gegensatz zu mir selbst.« (Es macht sie glücklich, wenn man ihr schmeichelt, schon klar, aber wie oft braucht sie es in einem Zwanzig-Minuten-Interview?)

»Wie lange dauert es, bis Sie zurechtgemacht sind?«

»Exakt zweieinhalb Minuten, und erst muss ich meine Brille finden, das dauert am längsten.«
»Was denken Sie, weshalb sind Frauen, die in Modezeitschriften ›Stilikonen‹ genannt werden, oft Großmütter? Gibt es keine jungen Stilikonen mehr?«
»Wer sind diese Stilikonen?«
»Sie, Marianne Faithfull schon wieder, ich bin zwar nicht sicher, ob sie Großmutter ist …«
»Sie hat einen großartigen Busen, manche Frauen entwickeln Busen, wenn sie 55 werden, ich beneide sie, meiner ist nie gekommen, nicht als ich zwölf war, nicht mit 55.«
»Man kann nicht alles haben.«
»Nein, aber das sind zwei Dinge, die man haben könnte.«
»In einer Zeitung stand, Ihre Karriere sei das Ergebnis einer gewissen Naivität, nicht von bewusster Planung. Stimmt das?«
»Wahrscheinlich, es gab jedenfalls keinen Plan.«
»Wirklich?«
»Ja, wenn was schieflief, war das Nächste, was ich machte, meistens interessanter. Zwar hab ich nicht viele gute Filme gemacht, ich hoffte einfach immer, der nächste werde besser.« (Über 70 Filme insgesamt.)
»Aber man sagt doch: ›Der große Schneider näht nur wenig Kleider.‹«
»Eben, der große Schneider.«
»Noch mal zum Plan, Mariah Carey hat gesagt: ›Mehr als ein Mensch voller Pläne bin ich ein Mensch voller Gebete.‹ Und Sie?«
»Ich bete, dass Menschen nicht sterben, aber ich nehm meine Arbeit nicht so wichtig, dass ich dafür beten würde.«
»Kein ›Gott, gib mir eine gute Rolle‹?«
»Nie, ich glaub, ich würd dafür sofort bestraft.«
»In einer anderen Zeitung stand: ›Jane Birkin ist keine Diva.‹«
»Ist mir egal.«
»Aber sind Sie einverstanden?«
»Ich bin, in der Tat, entzückt.«
»Wenn Sie keine Diva sind, was sind Sie dann?«
»Ich weiß nicht, sagen Sie es mir.«
»Ich weiß es auch nicht, aber ich brauch einen Schluss.«
»Finden Sie einen, ich hab genug davon, für andere Leute den Schluss zu finden.« (Dann findet Sie doch einen, und er kommt in der Fußnote.)
»Ihr Lieblingsrestaurant?«
»Es gibt ein hübsches, in das nicht viele Leute gehen, es heißt Vagenande oder so, ein eher abstoßender Name, wie ›Vagina‹.«

»Vielleicht gehen deshalb nicht viele hin, wer will schon im Restaurant Vagina essen?«
»Ich find's nur schwierig, das Wort zu sagen, das Ding im Körper der Frau mag ich gern, und Sie sollten es noch lieber mögen, schließlich kamen Sie da raus.«

April 2006

Was seither geschah

»Trauerarbeit« um oder wenigstens die Pflege des künstlerischen Erbes von Serge Gainsbourg ist mittlerweile ihr Hauptberuf, so sieht es aus. Nachdem die Birkin vor fast 20 Jahren am Ende einer Konzerttournee, bei der sie Lieder von Serge Gainsbourg sang, das Mikrofon auf die Bühne gelegt und das Ende ihrer Laufbahn als Sängerin erklärt hatte, war es ruhig um die in Paris und der Bretagne lebende Engländerin geworden, logisch. Sie hat mit Gainsbourg, einem Sänger und Schreiber, eine Tochter, Charlotte. Birkin verließ Gainsbourg in den achtziger Jahren, verheiratet waren die beiden nie, nebenbei. Seit einigen Jahren nimmt sie wieder Alben auf mit Neuinterpretationen von Gainsbourg-Liedern und ihm zu Ehren geschriebenen neuen Stücken; sie gibt auch wieder Konzerte. Vergangenes Jahr erschienen zudem viele Interviews, in denen sie »Neues« über Gainsbourg, der am 2. April achtzig geworden wäre, erzählte, wie zum Beispiel, dass er im Grunde ein sittlicher, fast verklemmter Mann gewesen sei und sie ihn außerhalb des Betts nie nackt gesehen habe. Voraussichtlich übernächstes Jahr wird sie dies wieder tun – 2011 ist sein 20. Todestag.

Der Ballermann

Roberto Blanco sagt, er spreche nicht über seinen Ehekrieg.
Und dann gibt er ausgerechnet unserem Kolumnisten ein Interview.

»Ich respektier meine Grenzen«: Roberto Blanco, 67.

»Wie war das vergangene Jahr für Sie?«

»Die erste Hälfte sehr gut, privat, geschäftlich auch. Aber seit Sommer leider, ähm, durch private Initiative und Schicksale nicht so gut. Aber, Gott sei Dank, es geht vorbei. Ich hab immer nach vorn geschaut. Es beginnt ein neues Jahr, ein neues Leben.«

»Die zweite Jahreshälfte war zum Vergessen, oder?« (Seine Frau Mireille, eine Schweizerin, will sich vielleicht von dem in Tunis geborenen, in Beirut und Madrid aufgewachsenen Sohn kubanischer Eltern scheiden lassen. Er habe sie jahrelang betrogen, stand in der *Bunten*.)

»Die letzten Monate möchte ich nicht wieder erleben. Weil ich enttäuscht bin. Es wurde viel berichtet, zu dem ich sagen könnte: ›Stimmt überhaupt nicht.‹ [*Bunte*: »Die Tochter holte ihre kranke Mutter aus der Ehehölle.«] Aber ich hab meinen Mund gehalten. Kein Kommentar. Die Menschen müssen überlegen: Was stimmt nicht? Man hört nur eine Seite. Nach so vielen Jahren, plötzlich. Aber ich sag kein Wort. Weil ich keine Schmutzige-Wäsche-Affäre will. Aber es ist nicht so, wie berichtet wurde. Überhaupt nicht. Mehr sag ich nicht. Ich bin stur, weil ich ein Zwilling bin.«

Es ist Freitagnachmittag um halb zwei, und die meisten Gäste verlassen die Zürcher Kronenhalle bereits wieder. Herr Blanco bestellt Austern (neun Stück, nicht sechs, wie der Kellner vorschlug), dann Kalbsleber venezianische Art, eine Karaffe Weißwein und Absolut-Wodka. (Mein letzter Gast, der so zulangte, war Kenneth Angst, der ehemalige Co-Chefredakteur der *Weltwoche*.)

Ein Küchenmitarbeiter tritt an unseren Tisch und sagt: »Roberto, gut siehst du aus.«

»Danke. Ich war zwei Stunden Tennis spielen. Das solltest du auch mal.«

»Ich spiele Tennis mit meinem P…«

Herr Blanco zeigt auf mein Aufnahmegerät und sagt: »Interview.«

»Weshalb geben Sie mir eigentlich ein Interview?«

»Ich bin ein kooperativer Mensch. Aber es muss eine gewisse Privacy da sein. Zum Beispiel der *Blick* oder *Blitz* oder wie er heißt, die schreiben, schreiben, schreiben … Dann rufen sie an, wollen ein Interview. Und ich sage: ›Tut mir leid, ich werd kein Interview machen. Weil ich bin schon sehr bekannt in der deutschen Schweiz.‹ Darum.«

»Diese Rolle, die Sie spielen, der Dauergutgelaunte: Ist die besonders schwierig, wenn es einem einmal nicht gut geht?«

»Nein, ich habe nichts einstudiert. Ich bin so.«

»Wie viele Tage im Jahr sind Sie wirklich gut gelaunt?«

»Wenn man gut gelaunt ist, braucht man keinen Zähler. Ich sage: ›Man lebt nur einmal. Ich hab Spaß am Dasein.‹«

»Es war also nicht so, dass ein Berater gesagt hat: ›Es gibt eine Nische für einen dunkelhäutigen, lustigen Sänger …‹«

»Ich bin nicht dunkelhäutig, ich bin ein Mensch. Und ich wäre auch so, wenn ich hellhäutig wäre oder rothaarig.«

»Und Sie sind nie traurig?«

»Ich verwechsle nie Beruf mit privat. Wie oft hab ich schlechte Laune? Wie oft Kopfschmerzen? Wie oft bin ich traurig auf die Bühne gegangen? Aber das gehört dazu, und das Publikum merkt das nicht. Gut, ich habe gute Laune von Natura, Roberto, wie ich bin. Gut, ich hab private Probleme, die lass ich bei mir im Wohnzimmer.«

Dann lacht er das Roberto-Blanco-Lachen – die Augen Schlitze, von der Nase zwei scharfe Falten zum offenen Mund mit den weißen Zähnen. Das Lachen ist mit großem Können ausgeführt. Wie von einer Hostess in einem Nachtclub, wenn ein Mann, der aussieht wie Jürg Marquard, Champagner bestellt.

»Ist es besonders schwer, als Spaßmacher alt zu werden?«

»Jetzt muss ich Sie belehren. Ich bin kein Spaßmacher, ich bin kein Clown. Ich bin Entertainer, ich will unterhalten.«

»Und dieser Anspruch ist unabhängig vom Alter?«

»Wenn man Entertainer ist, ist alles drin. Ob Sie dreißig sind oder zwanzig. Aber natürlich, die Erfahrung … Ich hätte gern die Erfahrung von einem Sechzigjährigen gehabt als Dreißigjähriger.«

»Ist Älterwerden ein Thema für Sie?«

»Nein, seh ich so aus?«

»Nein, sonst würde ich nicht fragen.« (Das war eine gesellschaftliche Lüge.)

»Ich bin ein Mensch, der weiß, er ist 67. Ich kenn meine Grenzen. Und ich respektier meine Grenzen.«

»Haben Sie Angst vor dem Tod?«

»Respekt vor dem Tod. Ich bitte Gott um einen ruhigen Tod.«

»Was halten Sie von Treue?«

»Viel.«

»Aber?«

»Ich beneide Männer, die treu sind.«

»Woran liegt es, dass manche Männer nicht treu sind?«

»Ich weiß es nicht. Ich frage Gott, woran es liegt. Manchmal ist es stärker als wir. Es hat mit den Genen zu tun vielleicht.«

Januar 2005

Was seither geschah

Roberto Blanco ist noch immer mit seiner Frau zusammen – oder auf jeden Fall verheiratet mit ihr. Er tritt weiterhin bei jeder sich bietenden Gelegenheit auf: im Fernsehen, vor zahlendem Publikum oder bei Firmenveranstaltungen etc. Und er sorgt immer noch für Medienberichte über ihn, die nichts mit seiner Tätigkeit als Sänger zu tun haben (sein letztes Album mit neuen Liedern ist viele Jahre alt). Im Sommer 2008 gab er einem Journalisten genauestens Auskunft über eine Operation am ... sagen wir: Unterleib, die er durchführen lassen musste. Er berichtete auch, dass er sich nicht an die vom Arzt verordnete Sexpause von drei Tagen oder so gehalten habe, und gab einer Zeugin (nicht Ehefrau Mireille) das Wort, die seine Geschichte bestätigte. Zu seiner Tochter, mit der er zeitweise Streit hatte, weil sie eher seine Frau unterstützt hatte während des Ehekrachs, hat er offenbar wieder ein besseres Verhältnis, zumindest sieht es so aus. Sie ließ sich für die *Bild-Zeitung* »erotisch« fotografieren, nachdem sie circa 20 Kilo abgenommen hatte; er war auf einigen Bildern mit drauf und beglückwünschte sie zu ihrer Leistung.

Der Held

Alt werden ist nicht schön, schon gar nicht für attraktive Männer wie Pierre Brice.

»Die Helden von heute sind schwule Apachen, rosa gekleidet«: Pierre Brice, Schauspieler, 77.

»Mein Französisch ist terrible.« (Das kam von mir.)
»Wie mein Deutsch.«
»Wenn Sie möchten, dürfen Sie auf Französisch antworten.«
»Très bien.«
»Sehen Sie eigentlich viel fern?«
»Ja, zu Hause.«
»Gibt es heute einen Filmhelden, den Sie mögen?«
»Es gibt keine Helden mehr, die Zeit der Romantik ist vorbei.«
»Und deshalb braucht es keine Helden mehr?«
»Ja.«
»Schade, nicht?«
»Ja, aber das Publikum scheint zufrieden so.«
»Denken Sie?«
»Ja, sonst gäbe es ja was anderes zu sehen. Oder ist Harry Potter etwa ein Held?«
»Für Kinder und Jugendliche schon.« (Das kam von dem Mann vom »Büro Pierre Brice«, der danebensitzt.)
»Na gut, dann ... Aber wie ich in meinem Buch geschrieben habe, die Helden von heute sind schwule Apachen, rosa gekleidet.«
»Sie meinen wie in ›Der Schuh des Manitu‹?«
»Ja, in diesem Meisterwerk.« (»Ein Sakrileg« nannte er den Film, in dem sich ein deutscher Komiker lustig machte über die Winnetou-Filme.) Wir sind im Garten des Hotels Hollweger in St. Gilgen am Wolfgangsee im Salzkammergut. Am Vorabend war eine Benefizveranstaltung mit Herrn Brice, hier im Ortskino, zugunsten von »Menschen für Menschen«, einer Organisation, die Hilfe zur Selbsthilfe leistet in Äthiopien, steht auf der Website. (Ich vermute, er ist mit der in den vergangenen Wochen in der *Weltwoche* mindestens zweimal erschienenen Aussage, dass solche Hilfe nichts nützt oder den Empfängern sogar schadet, einverstanden. Denn ich kann mir nur schwer vorstellen, wer Geld ausgeben will für einen Benefizabend mit ihm. Er hat ziemlich schlechte Laune und ist ein wenig maulfaul, während des Treffens mit mir auf jeden Fall.) Aber er sieht immer noch sehr gut aus. Unter seinem fliederfarbenen Jackett trägt er Hosenträger und zudem einen Gürtel. Das sei ja ein Zeichen für einen zu Misstrauen neigenden Geist, sagt man. (Vielleicht ist es aber auch nur ein Zeichen für einen kleinen Bauch, den man haben darf mit 77, finde ich.)
»Glauben Sie, es sei unmöglich, wenn man mal Winnetou war, später andere Rollen zu bekommen, ähnlich wie bei James Bond?«
»Unmöglich nicht, aber schwierig. Und kein Schauspieler hat James Bond elfmal im Kino gespielt, so wie ich Winnetou.«

»Sie waren ein großer Sympathieträger …«
»Bin ich keiner mehr?«
»Was denken Sie, weshalb sind Indianer im Film immer so sympathisch?«
»Weil Pierre Brice sympathisch war.«
»Das war also gar nicht der Indianer, das waren Sie?«
»Winnetou war schon in den Büchern von Karl May sympathisch, aber Old Shatterhand auch.«
»Was ist der große Unterschied zwischen Indianern und Europäern?«
»Die Kultur ist anders.«
»In Ihrem Buch schreiben Sie Geschichten über Anita Ekberg, Maria Callas, Faye Dunaway oder Ava Gardner. Wo haben Sie die alle kennengelernt?«
»In Rom.«
»Cinecittà und Dolce Vita?«
»Das war unglaublich, so wird es nie mehr sein.«
»Eigentlich interessant, Ihre Filme waren ja in Italien nicht so berühmt wie in Deutschland oder der Schweiz.«
»Ich weiß nicht, aber die italienischen Filme, die ich gemacht habe, waren auch erfolgreich.«
»Und eine Yacht hatten Sie auch, die ›Winnetou‹, ja?«
»Ja, die ›Winnetou I‹. Und ich wollte eine ›Winnetou II‹, aber ich hatte dann keine Zeit mehr.«
»Sonst haben Boote ja immer Frauennamen.«
»Ich habe das Schiff halt mit dem Geld gekauft, das ich mit Winnetou verdient habe.«
»So gut haben Sie verdient mit diesen Filmen?«
»So gut nun auch wieder nicht.« (Er wurde als Baron Pierre Louis le Bris in eine bretonische Adelsfamilie geboren, nebenbei, heute lebt er bei Paris.)
»Ich habe in einer Zeitung gelesen, Sie haben den Papst getroffen. [Und zwar Benedikt XVI., nicht bloß Johannes Paul II., ich meine, der hat ja fast jeden empfangen, sogar Boris Becker.] Stimmt das?«
»Ja.«
»Und, hat er Sie erkannt?«
»Ja.«
»Sofort?«
»Er hat zu mir gesagt: ›Ich habe Ihre Filme gesehen und auch die Bücher von Karl May gelesen. Ich weiß, dass Sie erfolgreich sind.‹ Und ich habe geantwortet: ›Heiliger Vater, ja, ich habe Erfolg gehabt, aber ich benütze meinen Erfolg, um armen Leuten zu helfen.‹ Darauf hat er gesagt: ›Gott wird Sie belohnen.‹ Und ich habe gezittert.«

November 2006

Der Klügste

Dreißig Grad und in den Köpfen nur Fußball – Zeit für ein schweres Interview mit Bazon Brock, Professor und Pop-Theoretiker.

»Klugsein kommt gar nicht an bei Frauen«: Bazon Brock, Superdenker, 70.

»Wie würden Sie einem Fünfjährigen erklären, was Sie von Beruf sind?«

»Ich würde ihm sagen: Stell dir eine Mühle im Schwarzwald vor. Hast du dir das vorgestellt? Jetzt rufen wir deine Schwester, der sagen wir: ›Du musst dir eine Mühle im Schwarzwald vorstellen.‹ Dann rufen wir deine Mutter und sagen: ›Mutter, stell dir eine Mühle im Schwarzwald vor.‹ Und dann setzen wir uns ins Zimmer, und jeder hat einen Block und einen Stift und soll seine Mühle im Schwarzwald malen. Alle kennen den Begriff ›Mühle im Schwarzwald‹ – so ein Wasserrad, durchlaubter Forst, Gefälle drin, damit das Wasser fließt –, aber die Art, wie wir eine Mühle darstellen, wird unterschiedlich sein. Das ist es, womit ich mich beschäftige: Wie kommt es, dass wir alle mehr oder weniger das gleiche Gehirn haben und trotzdem selbst simple Dinge unterschiedlich darstellen? Das ist das Kernproblem der Ästhetik: wie das, was im Gehirn geschieht, über Sprache weitergegeben werden kann.«

(Für ältere Leser: Er ist Ästhetik-Professor.)

Er holt mich ab am Flughafen Düsseldorf. (»Kennen Sie mich, oder wie finden wir uns?«, hat er am Telefon gefragt. »Ich bin der mit der Sonnenbrille«, habe ich gesagt.) Er hat einen BMW X5, das habe ich schon aus dem *Spiegel* gewusst, und er sei ein anstrengendes Kunstwerk, stand dort auch noch, eines, das redet. (Auf dem Kontrollschild des BMW steht BB für Bazon Brock. Obwohl er Jürgen heißt eigentlich, den Namen ›Bazon‹ gab ihm ein Lehrer – griechisch für »Schwätzer«.) Dann fahren wir zu ihm nach Hause, einem Bungalow mit Kunst und Möbelklassikern drin. Es gibt auch eine Assistentin und eine Sekretärin/Haushälterin dort. Nach dem Interview muss er nach Berlin, mit dem Zug. Vielleicht reise er aber auch erst morgen, mit dem Flieger, weil ihm das Wetter zusetze, er ist siebzig. (Die Sekretärin telefoniert mit Fluggesellschaften; als ich wieder gehe, steht der Plan noch immer nicht.)

»Was sagen Sie zu dem Titel ›Klügster Mann Deutschlands‹?« (Hab ich erfunden, nebenbei, fürs Interview.)

»Klugheit im Sinne der Verfügung über Gehirnproduktion würde ja wenig besagen. Klugheit assoziiert mit Bewertungsfähigkeit, also eine Art von Weisheitsgrad hinzugezogen – Wissen, Bildung, Weisheit, das sind ja die Stufen, ja? –, wäre ein Vernichtungsurteil. Dann könnte ich mich ja gar nicht mit andern Leuten austauschen. Ich lebe aber von andern, weiß also, wie viel klüger, weiser, kenntnisreicher die sind, einer wie Sloterdijk etwa. Aber das Problem ist, viele Leute werden schnell wissend, können auch hinreichend Bildung erwerben, und dann hört's auf. Weise werden sie nicht und sagen: ›Es lohnt sich nicht, das Leben ist bloß eine Art Dauerveranstaltung des gleichen Affentheaters.‹« (Ich mein, es ist ja gut, wenn einer viel spricht im Interview, aber ihm ist's egal, ob man zuhört oder was fragt, glaub ich, solange er Publikum hat. Ähnlich wie bei Frank A. Meyer also.)

»Sie seien vom öffentlichen Radar verschwunden, stimmt das?«

»Das kann man wohl sagen. Wenn in der *Zeit*, einer Wochenzeitung aus Hamburg, nicht eine einzige meiner 1700 Veranstaltungen, Film und Theater und Ausstellungen von 1986 bis 2006, in irgendeiner Verbindung auftritt, dann ist man verschwunden.«

»Und wieso?«

»Man war natürlich als Deutscher, der in den achtziger Jahren sagte, ›Multikulti ist der Name eines Problems, nicht die Lösung‹, unten durch.« Irgendwie kommt er mir vor wie Luigi Colani, der kann auch alles, weiß alles, hat alles gemacht – und heißt eigentlich Lutz und sitzt am Ende in einem Designstudio in Karlsruhe. (Und er ist an der Universität von Wuppertal und trägt Hosenträger und einen Gürtel – soll man daraus jetzt Schlüsse ziehen?)

»Sehen Sie sich auch Fußball an?«

»Ja, gestern hab ich geguckt, zweite Halbzeit.« (Es war Deutschland – Polen.)

»Können Sie die Faszination von Länderspielen erklären, in zwei Sätzen?«

»Natürlich. Kulturen sind Überlebenskampfeinheiten, die so ausgerichtet werden, dass alle Leute einen Fitnessvorteil haben, wenn sie bereit sind, für ihre Familie, Religion, ihren Kaiser sich schlachten zu lassen. ›Dulce et decorum est pro patria mori‹, süß und ruhmbringend ist es, wenn man stirbt für das Vaterland. Also die Überlebenskampfeinheit lebt aus der Vernichtungskonkurrenz gegen andere.«

»Kommt eigentlich dieses Klugsein an bei Frauen?«

»Gar nicht. Frauen interessiert an Männern, dass sie Einfluss haben, dass sie reich sind, dass sie, vor allen Dingen, einen Anlass für Attraktion bieten. Wer Einfluss hat, wird eingeladen – vom Oberbürgermeister, bei der Eröffnung der Brücke et cetera –, und das schätzen Frauen, wenn sie da mitgehen und sich zur Schau stellen können.«

Juni 2006

Die Stilblüte

Tyler Brûlé ist ein Fall für die »Was macht eigentlich?«-Spalte. Als Improvisator ist der ehemalige Style-Leader aber immer noch klasse.

»Los Angeles, hört ihr mich? New York, steht die Leitung?« Tyler Brûlé.

»Danke, Mark, danke, dass du meine verdammte Karriere ruinierst.« Dann war nur noch das Freizeichen zu hören. Das Gespräch ist ungefähr zweieinhalb Jahre her. Und bis vor wenigen Wochen, als ich ihn wieder traf, haben wir kein Wort miteinander gesprochen. Dabei schien unser Verhältnis gut damals. (Ich war fester freier Mitarbeiter von *Wallpaper*.) Doch der Anfang vom Ende begann bereits Monate vorher, als er mich in Mailand nach einer Modenschau von Versace auf einen Cocktail einlud. Er werde als Chefredakteur von *Wallpaper* aufhören, sagte er. Dafür wolle er die Werbeagentur, die er gegründet hatte und die zu jener Zeit Time Warner gehörte, kaufen und alleine führen. »Du kannst die Nachricht dann bringen. Ich gebe sie dir in ein paar Wochen. Exklusiv.« Drei Monate später schrieb ich eine Notiz. Und als diese in der *Weltwoche* erschien, regte er sich plötzlich sehr über die 20 Zeilen auf. Denn die Lage hatte sich für ihn geändert, die Verhandlungen liefen schleppend.

»Danke, Mark, dass du meine verdammte Karriere ruinierst.«

Heute erwartet er mich in Zürich im Baur au Lac. (Das heißt, eigentlich erwarte ich ihn, er kommt wie immer ein wenig zu spät.) Er trägt noch immer seine Uniform: dunkelblaues Jackett, wahrscheinlich von Richard James, hellblaues Hemd unter grauem Wollpullover von John Smedley, Jeans und braune Schuhe von Tod's. Und ist mittlerweile doch Chef von Winkreative, er konnte die Werbeagentur eben doch noch kaufen. Brûlé gibt mir ein Interview, weil die *Welt am Sonntag* ein Porträt über ihn haben will von mir. Als ich ihn frage, ob ich ausgewählte Zitate danach auch in der *Weltwoche* veröffentlichen dürfe, verneint er. Die Ausgangslage ist also irgendwie ähnlich wie vergangenen Sommer, als Nina Hagen ihr Interview mit mir anschließend an das Gespräch zurückzog. (Weil ich frauen-, menschen- und künstlerverachtend gewesen sei, angeblich.)

»Vermisst du es, Chef eines angesagten Magazins zu sein?«

Er habe es vermisst, einen Auslass für Ideen zu haben, sagt er (zur *Welt am Sonntag*). Aber er glaube, das habe sich geändert, seit er für die *Financial Times* schreibe, jede Woche. Weil die *FT* eine weltumfassende Marke sei. Die Antwort (zur *WamS*) also: Nein, eigentlich kaum. Und da er nun diese TV-Show habe, brauche er das Magazin nicht mehr. (Das ist Tyler in einer Nussschale: Man hat soeben gelernt, dass er in der *Financial Times* schreibt. Wöchentlich, weltumfassend. Und im Fernsehen, auf BBC, durch eine Serie führt darüber, wie Massenmedien arbeiten.) Tyler Brûlé und BBC – das sei eine ziemlich gute Kombination, sagt er. (Dass es BBC4 ist, also ein Sender, den nicht viele Menschen einschalten, sagt er nicht.) Er spricht nur wenig Deutsch, nebenbei erwähnt, obwohl er in Zürich gewohnt hat. Er zog aber nach London zurück, weil die Nachbarn schlecht über ihn geredet haben, nachdem er früh am Morgen in Schuhen herumgelaufen sei in der Wohnung. Und weil er homosexuell sei und Kanadier, vermutet er.

»Du bist in Interviews und in *Wallpaper* oft und lange für die Schweiz eingetreten.«

Vielleicht länger, als die Schweiz es verdient habe, erwidert er.

»Doch heute scheinst du hier nicht mehr sehr beliebt zu sein. Hat man dich ein bisschen im Stich gelassen?«

Er fühle sich nicht im Stich gelassen. Und wolle nicht als Opfer rüberkommen. Die Schweizer Erfahrung, wie er sie nenne, sei interessant gewesen, sagt er. (Ich bin mittlerweile unentschieden, ob ich ihm überhaupt böse sein soll, dass er seine Zitate nicht in der *Weltwoche* veröffentlicht haben will. Irgendwie ist er im Interview weniger gut als beim Small Talk und auch nicht so lustig. Weil er sich sehr ernst nimmt, wenn er mit Journalisten spricht, vermutlich.) Am späten Nachmittag, vor der Verabredung mit ihm, ging ich mir seine Werbeagentur anschauen, unangemeldet (Büros in London und New York, Hauptsitz in Zürich-Unterstrass. »Bisher ist das Portfolio auf der schmalen Seite«, stand in der *Sonntagszeitung*). Alle Zimmer waren dunkel, bloß eine Lampe brannte. Im Lichtkegel vor einem Schreibtisch saß – Tyler Brûlé. Er war alleine. (Im dunklen Empfang gab es noch eine Mitarbeiterin.) Er sah, dass ich ihn sah. »Ich führe ein Konferenzgespräch«, sagte er leise zu mir, während er sein schnurloses Telefon mit der Hand abdeckte. Und dann laut in die Sprechmuschel: »Los Angeles, hört ihr mich? New York, steht die Leitung?«

Januar 2004

Was seither geschah

Es wäre nicht fair, einem Mann, der so viele Ideen hat wie Tyler B., vorzuhalten, wovon er alles erzählt und was er davon nicht umgesetzt hat. Besser nennt man ein paar Dinge, die er zurzeit macht: Er ist Kolumnist der *International Herald Tribune*, in der er wöchentlich über die Vorteile von gestärkten Uniformjacken von Mitarbeitern in Fünf-Sterne-Hotels und die Nachteile von zu wenig durchdachter Inneneinrichtung von Business-Lounges in Flughäfen schreibt. Weiter hat er eine ähnliche Kolumne, die monatlich im *Time Magazine* erscheint. Und schließlich ist er auch wieder Chefredakteur, oder »Editorial Director«, wie das bei ihm immer hieß. Sein neues Heft mit Namen *Monocle* ist etwas Ähnliches wie *Wallpaper*, aber kleiner und auf einer Art Zeitungspapier gedruckt, dafür mit weniger raumgreifenden Fotos und höherem Einzelverkaufspreis (13 Euro). Seine Laufbahn als Werber war nicht so erfolgreich wie geplant, nachdem er die von ihm gegründete Agentur Wink seinem ehemaligen Arbeitgeber Time Inc. mit dem Geld von Investoren abkaufte. Sein geplantes Wochenmagazin, das *Time Magazine* in Bedrängnis bringen sollte, ist bisher nicht erschienen.

Der Bauch

Dolly Buster vergisst die Filme, die sie produziert hat, erinnert sich an den Entdecker des G-Punkts und weiß, wie man freche Interviewer blamiert.

»Wie ›Worum geht es in den Filmen?‹«: Dolly Buster, 34, Erotikunternehmerin.

»Wir haben noch zu«, sagte der Herr an der Kasse. Es war 17.10 Uhr. Vor zehn Minuten hätte das Lovers TV-Erotikfestival in Oerlikon beginnen sollen. Ich hielt ihm mein Handgelenk vors Gesicht wie eine Debütantin, die ihrer besten Freundin das Armband zeigt, das ihr der Verlobte zum Ball geschenkt hat.

»Das ist mein VIP-Freiticket«, sagte ich und deutete auf den pinkfarbenen Kunststoffstreifen. »Bitte lassen Sie mich durch – ich bin mit Dolly Buster verabredet.«

»Geben Sie mir fünf Minuten, ich muss mich erst einrichten«, entgegnete er. Dann sah er zu mir auf und fragte: »Was heißt eigentlich Wi-Ei-Pi?«

Dolly Buster, née Katja-Nora Bochnicková, geboren 1969 in Prag. Ich zweifle ihr Geburtsdatum nicht an – ich habe auch Sarah Connor (»Kaufzwang« vom 30. April 2003) geglaubt, dass sie 22 sei. Angeblich kennen sie 98 Prozent aller Deutschen. »Die wenigsten würden zugeben, woher« (*Stern*). Ihr »Puppengesicht« und ihr »Ballonbusen« (*Stern*) hatten Hauptrollen in mehr als 30 »Hardcore-Pornos« (*Blick*). Seit sechs Jahren ist sie mit Josef »Dino« Baumberger verheiratet, einem Österreicher, dem die »in Deutschland führende Produktionsfirma« (*Süddeutsche Zeitung*) Dinos Blue Movies gehört. Sie veröffentlicht alle zwei Monate einen Film; die »Erotikunternehmerin« arbeitet jetzt hinter der Kamera.

»Ich setze mich zu Ihnen«, sagt sie mit einer Stimme, die ähnlich klingt wie eine singende Glückwunschkarte, »dort blendet es weniger.« Neonröhren verbreiten ein Licht in dem Nebenraum, in dem wir uns befinden, das die Haut eines Models für Johnsons Babypuder ungesund und fleckig aussehen lassen würde.

»Frau Buster, welches finden Sie Ihr schönstes Körperteil?«, eröffne ich.

»Grundsätzlich bin ich sehr zufrieden mit meinem Bauch«, antwortet sie. Sie nehme dort nämlich nicht zu, was praktisch sei, weil sie meistens bauchfrei trage.

»Und mit Ihrem Po?«, erlaube ich mir eine indiskrete Frage.

»Ich höre, er sei in Ordnung«, erwidert sie.

Ich konfrontiere sie mit der Formel von John Manning, einem Evolutionsbiologen der Universität von Liverpool (Taillenumfang : Hüftumfang = Po-Index. Laut dem britischen Wissenschaftler setzt Kylie »perfekter Po-Index« Minogue mit 62 : 89 = 0,70 die Benchmark. Frau Buster erreicht mit 58 : 87 einen Wert von 0,67 (Abweichung: minus 4,3 Prozent).

Sie sagt: »Mein Hintern ist zu dick? Ich wusste es.«

»Wie lauten die Titel der letzten drei Filme, die Sie produziert haben?«, will ich wissen.

»Ich kann mich nicht daran erinnern«, antwortet sie.

»Worum geht es in den Streifen?«

»Wie ›Worum geht es?‹«, fragt sie zurück.

»Haben die Filme Handlung? Gibt es zwischendurch Verfolgungsjagden, Flugzeugabstürze, Springfluten …?«

Die Filme gelangten meist in Videokabinen zur Vorführung. Und dort sei Handlung tödlich, weil der Kunde dabei sofort aussteige.

»Dann nennen Sie drei Titel, die in keiner Sammlung fehlen dürfen«, bitte ich.

»›Africa Connection‹ (der ist von ihr), ›Safari Park Obsession‹ (der ist auch von ihr) und ›Gräfenberg-Zone‹.«

»›Gräfenberg-Zone‹? Klingt eher nach einem Werk von Volker Schlöndorff«, entgegne ich. Herr Gräfenberg sei der Entdecker des G-Punkts, hält sie dagegen, »wohl der einzige Mann, der ihn je gefunden hat«. (Gräfenbergs Entdeckung datiert von 1940; der Witz ist fast so alt.) Ihre liebsten Adressen in Berlin seien das Restaurant Borchardt, das Hotel Four Seasons und die Paris Bar. Die besten Kleider machen Roberto Cavalli und John Galliano, und die schönsten Schuhe gebe es bei Gucci, Christian Dior und Yves Saint Laurent; »die von Saint Laurent latschen aber rasch aus«.

»Führt Ihre Firma auch Castings für Laien durch?«, will ich wissen.

Sie bejaht.

»Denken Sie, ich käme dafür in Frage?«

Sie schweigt.

»Würden sich meine Chancen erhöhen, wenn ich einen Schnauzer und einen haarigen Rücken hätte?«

»Bleiben Sie besser Journalist, da scheinen Sie gut zu sein«, gibt sie zurück, »denn vor der Kamera bringen es 98 Prozent der Männer nicht.«

Dezember 2003

Was seither geschah

Dolly Buster geht gelegentlich noch auf Erotikmessen, wo sie auftritt und für Filme, die sie produziert, Werbung macht. Im Jahr 2006 gelang es ihr, in zahlreichen Zeitungen erwähnt zu werden, weil sie im Backstagebereich eines Düsseldorfer Theaters Frauenakte mit bunten Farbspritzern, die sie gemalt hatte, ausstellte. Sie sagte damals, sie studiere seit rund einem Jahr Malerei an der Kunstakademie Düsseldorf. Falls das stimmt, könnte sie möglicherweise ihr Studium ungefähr zu der Zeit, zu der sie ihren vierzigsten Geburtstag feiern wird (23. Oktober 2009), abschließen. (Falls auch das Geburtsdatum stimmt, was ich seit dem Zeitpunkt, als ich sie interviewte und kennenlernte, im Grunde nicht glauben kann.)

Die Beine

Kann ein Mann distanziert über Mariah Carey schreiben, nachdem sie ihm ihre Schenkel gezeigt hat? Nicht unser Kolumnist.

»Wissen Sie, was? Das ist für Tage, an denen ich arbeite«: Mariah Carey.

»Können Sie sich frei bewegen in New York?«
»Wissen Sie, was? Ich leb in Tribeca, das ist so eine Art ... Robert De Niro hat es bekannt gemacht. Aber, ähm, es ist nicht so was wie mein liebster Platz zum Rumlaufen.«
»Welches ist denn Ihr liebster Platz zum Rumlaufen?«
»Eigentlich sind die New Yorker ziemlich abgestumpft. Wenn du dich an schicken Orten aufhältst, ist es okay, und die meisten Leute belästigen dich nicht. Aber wenn ich auf dem Times Square bin, zurechtgemacht als ich selber – ja, dann gibt es viele Leute um mich rum, irgendwie.«
»Haben Sie noch Bezug zur Außenwelt? Wissen Sie, wie viel ein Frappuccino kostet bei Starbucks oder eine Ausgabe der *New York Post*?«
»Nein, solches Zeugs weiß ich nicht, haha, davon bin ich weit weg. Was wirklich bizarr ist: Ich wuchs auf ohne Geld. Dann lebte ich in New York, allein, mit 17, und hatte einen Dollar am Tag. Und ich wusste nicht, was Dinge kosten, weil ich kein Geld hatte. So kam ich von diesem Extrem zu meinem ersten Scheck von der Plattenfirma. Und dann hatte ich Leute, die diesen Aspekt meines Lebens regelten. Heute ist es wie ein Spaßausflug, in ein Geschäft zu gehen und normal zu sein. Ich denke, mein Punkt ist: Ich ging von gar nichts zu haben zu, hauptsächlich, keinen Zugang zu haben, Dinge zu kaufen. Es passierte über Nacht, als ich sehr jung war.«
Als ich in die Parallelwelt auf dem Planeten Mariah darf – also in ihre dunkle Suite im Hyatt in Köln – bürstet eine Frau grad ihr Haar. (Sie hat Haarverlängerungen, vermutlich.) Sie bietet mir einen Platz an auf dem Sofa, bei sich. Als ich mich auf einen Stuhl daneben setze, legt sie ihre Beine hoch auf das Sofa. Ich denke, das tut sie für mich. Also ich mein, weil ich ein Mann bin und es schwierig ist, über eine Frau mit guten Beinen schlecht zu schreiben. (Wenn sie sie einem ins Gesicht streckt jedenfalls.) Sie trägt ein kurzes braunes Kleid mit tiefem Ausschnitt, gelbe Sandaletten und hat falsche Wimpern angeklebt. Eine Frau bringt ein Glas Rotwein. »Mein feierliches Glas Rotwein – in einem Champagnerglas.«
»Sie verdienen es – Ihr Tag war hart«, sage ich. (Diese Beine, dieser Ausschnitt. Ich mag, nebenbei, keine Witze über ihren gemachten Busen.)
»Ah, mir tut leid, dass ihr Guys so lange warten müsst.« (Heute gibt sie 13 Journalisten aus Dänemark, Schweden, Österreich und der Schweiz Interviews.) Mein Plan-Slot war um 15.10 Uhr, jetzt ist es 19.40 Uhr. (Das nur als Nachricht, denn Journalisten, die wehklagen, fallen einem auf die Nerven – man wartet in einem Zimmer mit Buffet und Bar als ihr Gast, immerhin.)
»Ah, Sweetie, würd's dir was ausmachen, dieses Glas zu tauschen gegen Champagner?«, sagt sie zu der Frau. (Sie soll ein Gefolge haben von 30 Leuten, jemand soll nur für ihre Getränke sorgen und jemand nur ihr Handtuch halten – den hab ich aber nicht gesehen.)
»Ich versuch, Dinge zu planen«
»Sie sind auf Oliven-Diät?«

»Oliven-Diät?«

»Hab ich gelesen.«

»Wissen Sie, was? Das ist für Tage, an denen ich arbeite, Sachen mache fürs TV. Dann hab ich keine Chance, in ein Sandwich zu beißen und meine Zähne zu ruinieren und mein Make-up.«

»Es ist also keine wissenschaftliche Diät?«

»Nein, es ist wahrscheinlich gegen alles, was Ernährungsberater sagen.« (Wahrscheinlich, sie ist nämlich voller geworden in den vergangenen Monaten.)

»Planen Sie viel in Ihrem Leben?«

»Hmm. Also ich glaub, alles passiert aus einem Grund. Und wir alle sind auf einer Reise, Gott hat uns geschickt. Ich versuch, Dinge zu planen. Aber am Ende des Tages – was passieren muss, muss passieren. Planen Sie denn, oder passiert alles für Sie?«

»Ich möcht weniger planen – ›Planen ist für die Armen‹, sagt Bob Evans, der Filmproduzent.«

»Hahaha, Bob Evans ist ein Original. Ja, man kann planen, aber, wie ich sagte, was sein muss, wird sein.«

»Im Großen vielleicht. Aber ich mein, ich kann doch nicht sagen: ›Ich stell den Wecker nicht – weil wenn es sein soll, erwisch ich den Flieger zum Interview.‹«

»Aber mehr als eine Person voller Pläne bin ich eine Person voller Gebete.«

»Und voller Eifer.« (»The real diva, so successful – yet still so eager«, reimt ein Rapper auf ihrer Hitsingle.)

»Weshalb sind Sie so eifrig?«

»Ich möcht die nächste Ebene erreichen.«

»Welche Ebene?« (Sie ist bereits heute die am besten verkaufende Sängerin der Welt.)

»Einfach weiter wachsen als Künstler.«

»Haben Sie das von älteren Männern gelernt?« (Ihr Exmann war Anfang 40, sie 18, als er sie heiratete.)

»Er ist ein sehr intelligenter Mann. Aber ich glaub, er hätt was lernen können von mir.«

Juli 2005

Was seither geschah

Während dieses Interviews stand sie sozusagen gerade auf dem Gipfel ihrer Rückkehr auf den Gipfel. Carey, die mehr Nummer-eins-Hits hatte als sonst irgendeine allein auftretende Sängerin und nach Whitney Houston die meisten Tonträger verkaufte, war von vielen Musikschreibern bereits abgeschrieben worden, bevor sie vor fast vier Jahren mit ihrem Album »The Emancipation of Mimi«

zurück in die Hitparaden und Playlists der Radiostationen kam. Seither veröffentlichte sie kein neues Album mehr. Und obwohl es die meisten Journalisten die längste Zeit schick fanden, sie blöd zu finden, wurde sie in letzter Zeit verhältnismäßig respektvoll behandelt in den Medien. Sie ist seit vergangenem Jahr verheiratet mit dem elf Jahre jüngeren Rapper und Schauspieler Nick Cannon; die beiden heirateten circa sechs Wochen, nachdem sie sich kennengelernt hatten. Nach ungefähr gleich vielen Wochen gab es Berichte auf People-Seiten im World Wide Web, in denen behauptet wurde, die Ehe sei in einer Krise, auch weil Cannon keiner bezahlten Arbeit nachgehe und von Careys Geld lebe. Diese Behauptungen hörte beziehungsweise las man jedoch nach einigen Wiederholungen nicht mehr. Als dieses Buch fertiggestellt wurde, waren die beiden noch immer ein Paar.

La Cher

Welche Zeitung gibt der erfolgreichsten Künstlerin der Welt einen Korb?
Unser Autor sprang ein – und verriet es ihr.

»Ich kaufe mir ein Grab in Paris«: Cher (geborene Cherilyn Sarkisian LaPierre).

»Mark? Warten Sie hier«, sagte der Leibwächter vor der Suite. Dann zu dem Mann von der Sicherheitsfirma: »Fahren Sie fort.«

»Nach dem Interview wird sie sich frisch machen. Anschließend verlassen wir das Hotel. Wir nehmen die rechte Straßenseite …«

»Weshalb? Dazu müssen wir die Straße überqueren.«

»Weil es auf der linken eine Zeile Pubs gibt – mit Kerlen davor, die ihr Feierabendbier trinken …«

»Verstehe, denen wäre sie ausgesetzt«, sagte der Leibwächter.

»Ich benötigte für die Strecke zum Theater zwölf Minuten, mit ihr werden es schätzungsweise 20 sein. Und hier«, sagte der Mann von der Sicherheitsfirma und zeigte auf einen Stadtplanausriss, »gibt es ein Schuhgeschäft, das könnte ihr gefallen …«

»Wäre es sicher, falls sie reinmöchte?«

»Ja, ich habe es kontrolliert.«

Dann ging die Tür auf, und eine Frau sagte: »Mark? Ich bin Moira, Chers Publizistin. Treten Sie ein.«

Drinnen empfing mich ein Mann: »Ich bin Roger, der Manager – darf ich Ihnen Cher vorstellen?«

Cher sagte: »Hi, ich bin Cher«, streckte mir die Hand hin, behielt Platz und nahm mit der Publizistin ihr Gespräch wieder auf. Der Manager verließ die Suite.

»Ich bin bloß zweite Wahl, eigentlich«, unterbreche ich. (Ich hatte das Gefühl, ich störe die beiden ein wenig. Das Interview wurde nämlich einer anderen Redaktion angetragen – der *Sonntagszeitung* aus Zürich.) »Aber die lehnten ab – weil sie keinen finden konnten, der Lust hatte, nach London zu fliegen.« Ich hatte ihre Aufmerksamkeit. »Ist Ihnen das schon mal passiert?«

»Ich weiß nicht, so was erfahre ich ja nicht«, sagt Cher, als sie aufgehört hat zu lachen. »Die hatten wohl was Besseres vor«, fügt sie hinzu, »aber das ist okay. Ich bin zufrieden mit denen, die da sind.« Sie trägt das Gesicht einer jungen Frau, und auch ihre Augen – heute dunkelbraun – sehen jünger aus, als sie ist. Selbst die Hände verraten ihr Alter nicht, bloß der fliederfarbene Nagellack passt zu einer reifen Frau.

»›Wenn die Tour zu Ende ist, werde ich bloß noch frivol sein‹, haben Sie gesagt – wie sind Sie denn, wenn Sie frivol sind?«

»Was ich meinte, ist, dass ich tun werde, was ich will – also nichts außer die Zeit totschlagen, wenigstens eine Weile lang.«

»Dann waren Sie bisher also nicht frivol?«

»Die Wahrheit ist, ach, im Gegensatz zu meinem Auftritt … ich bin kein frivoler Mensch. Was ich auf der Bühne mache, mag so wirken. Aber es ist Arbeit und hart.«

»Einer Ihrer ehemaligen Partner, Gene Simmons von Kiss, beschrieb mal, wie Sie einkaufen: Sie sollen bei Fiorucci in New York den Gegenwert eines Autos für Kleider ausgegeben haben innerhalb von drei Minuten. Stimmt das?« (»Was ist die *Weltwoche* für ein Magazin, dass Mark solche Scheißfragen stellt?«, soll der Manager gesagt haben, als er in Kenntnis gesetzt wurde.)

»Ich glaube nicht, dass man den Gegenwert eines Autos bei Fiorucci ausgeben kann – es war ein großartiges, billiges Geschäft. Nicht, dass ich es mir nicht hätte leisten können, der Entwurf stimmt.« (*Rolling Stone* schätzte im Jahr 2002, sie besitze 600 Millionen Dollar.)
Ihr liebstes Restaurant in Malibu (dem Ort, den sie ihr Zuhause nennt) sei Nobu, ihr liebstes Kleidergeschäft Theodore Beach.
»Der beste Tätowierer?«
»Weiß ich nicht mehr. Ich lasse jetzt meine Tätowierungen entfernen, heute hat jeder welche.«
»Der beste plastische Chirurg?«
»Kommt drauf an, was man haben will.«
»Eingriffe, sagen wir, vom Hals an aufwärts.«
»Frank Kamer in Beverly Hills.«
»Haben Sie sich tatsächlich eine Grabstätte auf dem Père-Lachaise-Friedhof in Paris gekauft?«
»Nein, noch nicht. Ich beabsichtige es aber absolut.«
»Weshalb?«
»Weil es mir gefällt dort.«
»Möchten Sie in der Nähe von Jim Morrison liegen, wo sich Besucher betrinken und wo Paare kopulieren sollen?«
»Nein, das finde ich keinen reizvollen Gedanken. Ich möchte bei Abälard und Héloïse liegen.«
»In welcher Band spielten die?«
»Abälard war ein Philosoph, im 12. Jahrhundert, und Héloïse seine Frau.«

Mai 2004

Was seither geschah

Nach diesem Gespräch und ihrer »Abschieds«tournee (die Anlass dieses Interviews war) hörte man von Cher eine Zeitlang nicht mehr viel. Im Mai vergangenen Jahres dann erfolgte der Rücktritt vom Rücktritt. Sie tritt wieder auf, und zwar im Hotel und Casino Caesars Palace in Las Vegas. Der Vertrag, den sie abgeschlossen hat mit den Betreibern des Caesars, läuft über drei Jahre und soll ihr sechzig Millionen Dollar einbringen. Ebenfalls vergangenes Jahr gab es einige Zeitungsmeldungen, in denen behauptet wurde, Cher werde zum dritten Mal heiraten, und zwar den damals 38-jährigen Tim Medvetz. Dieser Mann soll fluchen, rauchen, Jack Daniel's trinken, fettes Fleisch essen – und ihr sehr gefallen. Bis zu dem Tag, an dem dieses Buch in Druck ging, hatte sie ihn nicht geheiratet. Könnte ich sie befragen, würde ich mich erkundigen, ob Tim ihr wirklich so gefalle. Sie würde vermutlich wieder sagen: »Es stimmt nicht ganz, but the concept is about right.«

Die Evolution

Jimmy Cliff war ein Weltstar, jetzt sei er erleuchtet, sagt er.
Und dann sitzt er allein an der Hotelbar.

»Hey, es ist eine tolle Zeit, am Leben zu sein«: Reggae-Musiker Cliff, 58.

»Haben Sie eigentlich noch Spaß am Touren, nach all den Jahren?« (Er ist gerade aus Stockholm angekommen, wo er gestern auftrat; morgen wird er in Konstanz singen, danach im Kaufleuten in Zürich. So geht das den ganzen Sommer über. Das Interview war am 27. Juli.)
»Ich genieße es jetzt wieder viel mehr.«
»Weshalb?«
»Evolution, spirituelle Evolution. Wenn man sich geistig entwickelt, bedeutet das, dass man seinen Geist und den Sinn des Lebens besser versteht. Deshalb weiß man dann das Leben zu schätzen, was immer man auch tut.«
»Wann hat denn diese spirituelle Evolution begonnen, ungefähr?«
»1999.«
»1999, genau dann?«
»Es gibt Richtungsänderungen im Leben. Ich erinnere mich nicht an einen bestimmten Anlass, es ist einfach das Wissen, dass diese Zeit universelle Änderungen brachte. Und die gaben mir Gelegenheit, mein Leben tiefer zu betrachten.«
Wir sind im Hilton in Opfikon, es ist 22 Uhr. Fünf Tage zuvor hatte ich schon mal eine Verabredung mit ihm gehabt, im Victoria-Jungfrau in Interlaken, wo er später bei einer Freiluftveranstaltung auftrat. Nachdem ich eine Stunde lang gewartet hatte, fand ich die Pressefrau, und sie sagte, er gebe eigentlich nie Interviews vor einer Show, wenn schon, dann danach um 1.00 Uhr vielleicht. Ich fuhr dann wieder nach Hause, weil ich schon mal in einer ähnlichen Lage war, als ich Nina Hagen hätte interviewen sollen in Montreux. (Damals wartete ich umsonst. Dann setzte bei mir die spirituelle Evolution ein, das war 2004.) Er trägt eine Brille mit grün-gelb-rotem Gestell, das zudem unsymmetrisch ist, also nicht schlecht sitzend, meine ich, sondern so designt. (Das sind die Rastafarben, schon klar, aber die Brille sieht trotzdem aus wie von einem Optiker, bei dem viele der Deutschen, die zurzeit nach Zürich ziehen, Kunden sind.)
»Sie sind der letzte große Reggae-Held, der noch da ist und Musik macht, Bob Marley und Peter Tosh sind ja schon lange tot. Wie fühlt man sich da?«
»Und die neuen, wie Sean Paul oder Shaggy?«
»Die sind toll, aber nicht ganz in der Liga.« (Ist schon okay, ich meine, er ist 58, hat kein neues Album und gibt trotzdem ein Interview, da darf man auch mal freundlich sein, oder?)
»Ich bin einverstanden. Und das ist auch was, was mich erkennen ließ, dass es großartig ist, hier zu sein. Aber warum ich?«
»Guter Punkt.«
»Es zeigt, dass ich meine Lebensaufgabe noch nicht erfüllt habe. Wir drei waren alle zur selben Zeit da, dann gingen sie beide, denn sie hatten ihre Aufgabe erfüllt. Also begann ich, mich umzuschauen und in mich zu schauen, und ich sah: Hey, es ist eine tolle Zeit, am Leben zu sein. Nicht viele erkennen, weshalb sie hier sind: um es zu genießen.«

»Würden Sie sagen, Sie sind auf einer Mission?«

»Jeder von uns hat eine Aufgabe: zu dienen.«

»Und wem?«

»Der Menschheit.«

Ich wollte, nebenbei, mal Uriella interviewen, aber sie verabredete sich nicht mit mir, weil Jesus kein grünes Licht gab (O-Ton Icordo, ihr Mann). Aber ich denke, ich habe jetzt hier ihre Antworten ungefähr, einfach von Herrn Cliff. (Und Roger Schawinski und den Dalai-Lama, die ich ebenfalls nicht bekommen habe, brauche ich eigentlich auch nicht mehr.)

»Ihre Hits sind 30 Jahre alt – ›The Harder They Come‹, ›Many Rivers To Cross‹, ›Vietnam‹ –, Ihre späteren Lieder waren dann nicht mehr so erfolgreich. Trifft einen das als Künstler?«

»Ich sehe diesen Abschnitt meiner Kreativität nicht gleich wie das Publikum. Denn ich weiß, dass ich die Fähigkeit immer noch habe, Musik zu schreiben, die ich schon immer im Herzen fühlte.«

»Ich glaube auch, dass ich meine besten Artikel erst schreiben werde, sonst würde ich vielleicht nicht weitermachen.«

»Genau. Und ein anderer Aspekt ist, es gibt einem das Gefühl: Hey, ich bin immer noch da.«

»Rauchen Sie noch Gras?«

»Nein, schon lange nicht mehr.«

»Wegen der Gesundheit oder des Glaubens?« (Er war mal Muslim. »Eine Tür, durch die ich ging. Jetzt stehe ich über den organisierten Religionen.«)

»Wegen beidem, ich bin oft unter meinen Rastafari-Brüdern, die rauchen, wenn ihnen danach ist. Das ist okay, aber mir ist nicht danach. Ich erreiche das höhere Bewusstsein auch ohne.«

»Welche finden Sie eigentlich die beste Sexplatte der Welt?«

»Kein Zweifel, ›Let's Get It On‹ von Marvin Gaye, wow.«

Er geht dann an die Bar, nimmt Platz zwischen zwei Gästen. Die erkennen ihn nicht oder sprechen ihn nicht an auf jeden Fall. Er trinkt Tonic Water, redet mit dem Barmann, sieht an die Decke. Nach 45 Minuten ist er immer noch dort.

August 2006

Was seither geschah

Wie zahlreiche Musiker zurzeit gibt auch Jimmy Cliff ein Konzert nach dem anderen und bespielt dabei meist kleinere und mittelgroße Lokale in Deutschland und der Schweiz zum Beispiel. Mit Tonträgern ist es in Zeiten des niederpreisigen oder – ungesetzlichen – Gratis-Downloads nicht einfach, Geld zu verdienen. Vor allem, wenn man, wie der inzwischen Sechzigjährige aus Jamaika, seit vielen

Jahren keine Songs mehr geschrieben oder interpretiert hat, die es in die Hitparaden schafften. Dies alles soll aber nicht zu niedergeschlagen klingen – Cliff, so sieht es aus, mag sein Leben *on the road* und auf der Bühne.

Mister Grantig

Joe Cocker wollte einmal die Welt verändern – zum Beispiel in Woodstock.
Heute sei er ein übellauniger alter Mann, sagt er.

»Was stimmt nicht mit mir?« Joe Cocker, 60.

»Weshalb schreien Sie eigentlich auf der Bühne?«

»Ich hatte dieses Lied, ›I Got A Woman‹, und eines Abends, als ich es sang, war ich so erregt, dass ich in diese seltsame Tasche in meiner Stimme griff sozusagen – eigentlich ein Falsett – und diesen Schrei, der die Zuhörer wegblies, einfach rausließ.«

»Es war also nicht so, dass ein Marketingmann sagte: ›Joe, es gibt zu wenig schreiende Popstars – das ist Ihre Chance‹?«

»Nein, manchmal werde ich gebeten zu schreien, und zwar bei Auftritten, bei denen ich bloß ein einziges Lied singe. Ich sage dann: ›Ohne richtiges Konzert? Fast unmöglich.‹«

»Wie fühlen Sie sich, wenn Sie vor fremden Menschen schreien?«

»Mmh, es ist ja kein Urschrei.«

»Nicht?«

»Nein. Urschreie sind in der falschen Tonart. Meine sind in der richtigen.«

»Dann ist für Sie Schreien also nichts Befreiendes, sondern Arbeit?«

»Doch, es ist Arbeit, aber es befreit auch.«

»Vierzig Jahre schreien, ist das nicht ermüdend?«

»Doch, deshalb gehe ich heutzutage nach Konzerten gleich ins Hotel schlafen. Früher hab ich ja noch einen draufgemacht.«

Es ist Samstag, 12 Uhr mittags, er sitzt in einer Suite im Baur au Lac in Zürich, deren Möblierung an eine in den sechziger Jahren eingerichtete Alterswohnung erinnert. (Falls ich jemals groß rauskommen sollte mit meiner »grandiosen wie glamourösen ›Kaufzwang‹-Kolumne« – ein Zitat meines Agenten, nebenbei –, würde ich Reporter auch in ein solches Old-School-Hotel wie das Baur au Lac einladen. Weil nur Emporkömmlinge und Neuerfolgreiche wie Sarah Connor, Tyler Brûlé oder Michel Comte ihre Gäste in neumodischen Designerhotels, zum Beispiel einem Park Hyatt oder dann gleich einem Haus mit Lofts anstelle von Suiten, empfangen.) Herr Cocker trägt ein braunes Hemd von Façonnable, schwarze Baumwollhosen und weiße Reebok-Turnschuhe. (Er sollte als Stilvorlage vielleicht Andy Stutz wählen. Der ist ungefähr in seinem Alter und ähnlich gebaut, trägt aber Jacketts von Brioni, Jeans und rahmengenähte Lederhalbschuhe.)

»Kennen Sie diese Fernsehserie ›Grumpy Old Men‹ auf BBC2?« (Übellaunige alte Männer. Er ist Engländer, lebt aber in Colorado.)

»Nein, kenn ich nicht.«

»Bob Geldof, Will Self, Rick Wakeman …«

»Wow.«

»Aber die perfekte Besetzung, denke ich, wären eigentlich Sie …«

»Hahaha.«

»Es geht nämlich um Männer aus Ihrer Generation, die ja die Welt verändern wollten, zum Beispiel in

Woodstock und so, aber mittlerweile erkannt haben, dass sie eigentlich wenig verändert haben. Und deshalb über moderne Kultur herziehen.«

»Aha.«

»Können Sie einen Computer bedienen?«

»Ich würde es schaffen, eine E-Mail zu schreiben. Aber es dauert so lange, dass ich lieber das Telefon nehme.«

»Ein Mobiltelefon?«

»Nein. Neulich war ich im Auto mit meinem Manager und zwei anderen Typen, und alle außer mir telefonierten. Da dachte ich: Was stimmt nicht mit mir?«

»Und ›Grumpy Old Men‹ klagen darüber, dass das Pub an der Ecke verdrängt wurde durch Starbucks, wo es kein Bier und keinen Tee mit Milch gibt, sondern bloß ›Tall Latte macchiato‹ …«

»Ich mag Starbucks, ich liebe Frappuccino. Aber ein Frappuccino hat 4000 Kalorien, deshalb gehe ich nur einmal jährlich hin. Früher schickte ich nach einem Konzert immer jemanden zu McDonald's für einen Quarterpounder mit Käse und Fritten dazu, heute lasse ich mir bloß noch ein halbes Brötchen von Subway mit Roastbeef oder Huhn bringen. Das ist ziemlich gesund.«

»Interessieren Sie sich für Rapmusik?«

»Nicht sehr. Manchmal denke ich, ich verpasse etwas. Ich erkenne, dass es Poesie ist, aber ich glaube, die rappen bloß, weil sie nicht singen können. Ich kenne zwar eigentlich keine Rapmusiker … Ich habe eine eher zynische Sicht, eine ›Grumpy Old Man‹-Sicht wohl, haha.«

»Wofür interessieren Sie sich denn?«

»Für den Zweiten Weltkrieg. Ich habe eine Adolf-Hitler-Sammlung von 60 Bänden in meiner Bibliothek zu Hause, auch eine deutsche Ausgabe von *Mein Kampf* ist dabei.«

»Was fasziniert Sie an Hitler denn?«

»Dieses Nazi-Ding war irgendwie umwerfend, von der Ideologie mal abgesehen. Sie schafften es immerhin, ganz Europa einzunehmen.«

»Sind Sie eigentlich der größte weiße Bluessänger aller Zeiten?«

»Nun, die Leute sagen, ich sei zu sehr Popsänger manchmal. Aber einmal gab ich dieses Konzert für die Queen, mit Rod Stewart und Paul McCartney, und wir sangen ›All You Need Is Love‹. Und Rod sagte: ›Wir sind doch bloß zwei alte Bluessänger, nicht wahr, Joe?‹«

November 2004

Der Name der Hose

Sarah Connor hatte einen Nummer-eins-Hit und erregte in einem kleinen Kleid großen Ärger. Ihr Manager ballt bei unangenehmen Fragen gefährlich die Faust.

»Ich verstehe nicht, was daran lustig sein soll«: Sarah Connor, 22, Popsängerin.

»Sie wartet dort drüben in der Ecke«, sagt der Herr von der Plattenfirma. Ich gehe durch die Bar des Hotels Eden au Lac, kann meine Interviewpartnerin aber nirgends finden. In der Ecke erkenne ich bloß einen Mann in einem grauen Anzug aus Kunststoff und schwarzen Schuhen, die aussehen, als würden sie Blasen verursachen. Er erinnert an einen albanischen Elitesoldaten, der nach dem Machtwechsel ins Ausland ging und einen Job im Sicherheitsgeschäft fand. Ich will mich noch einmal beim Herrn von der Plattenfirma nach Sarah Connor erkundigen, als der albanische Elitesoldat zur Seite rutscht – und hinter ihm eine junge Frau mit blonden Haaren sichtbar wird. Ich stelle mich vor und nehme Platz. Sarah, 22 angeblich, hat einen festen Händedruck, trägt Nagelschmuck und raucht Marlboro rot.

Nach unserem Gespräch wird das »neue deutsche Sexsymbol« (*Schweizer Illustrierte*) bei der Dessous-Modenschau von Beldona auftreten.

»Lustig, dass ausgerechnet Sie für eine Unterwäschefirma singen, nicht wahr?«, sage ich.

»Was soll daran lustig sein?«, fragt sie.

Nun, das Gerede, wonach sie bei »Wetten, dass …?« kein Höschen unter dem transparenten, sehr tief dekolletierten Kleid getragen haben soll, erzeugte vorübergehend mehr Titel- und Textzeilen in Zeitungen und Zeitschriften als ihr Nummer-eins-Hit »From Sarah With Love«.

»Ich verstehe trotzdem nicht, was daran lustig sein soll«, sagt sie.

»Einverstanden, es ist wohl tatsächlich nicht lustig«, erwidere ich und erinnere mich, dass der *Blick* sie die »Pop-Prinzessin aus Delmenhorst« und nicht das »Witz-Wunder von der Delme« nennt.

»Tragen Sie manchmal Dessous von Beldona?«, will ich wissen.

Nein, denn sie habe diese Marke bis gestern nicht gekannt.

»Welche Marke bevorzugen Sie?«, frage ich.

Sie antwortet, dass sie das nicht verraten möchte.

Ich verzichte auf die Provokation »Dann stimmt es also, dass Sie keine Unterwäsche tragen«. Stattdessen sage ich: »Es wäre sehr freundlich, wenn Sie trotzdem eine oder zwei Dessousmarken nennen würden, die ich wiedergeben darf.«

»Sarah hat Ihnen doch deutlich gesagt, dass sie nicht über Unterwäsche sprechen möchte – fragen Sie sie was anderes«, schaltet sich der Mann im grauen Kunststoffanzug ein. Er ist kein gewesener albanischer Elitesoldat, der jetzt im Sicherheitsgeschäft arbeitet, sondern Sarah Connors Manager.

»Heißen Sie wirklich Sarah Connor?«, will ich wissen.

Sie heiße tatsächlich Sarah, Connor hingegen sei ihr Künstlername. Ich frage, ob sie Kowalski heiße – könnte ja sein, dass jemand Kowalski heißt an der Delme – und daraus Connor gemacht habe. Habe sie nicht. Und meine Vermutung findet sie nicht witzig.

»Wie lautet denn Ihr richtiger Name?«, frage ich.

»Das möchte ich nicht verraten«, antwortet sie. Ihr Manager hört auf, mit den Fingern auf den Glastisch zu trommeln – weil er seine Faust ballt. Ich unterlasse es zu fragen, ob sie Bednarzik heiße, vielleicht gibt es solche auch in der Gegend von Delmenhorst.

Ihre Lieblings-Oberbekleidungsmarken seien Dolce & Gabbana, Escada, Adidas und Miss Sixty. Das beste Schuhgeschäft in Berlin heiße Budapester – dort gäbe es Sandalen von Gucci und Krischtschen Djor. »Von Gucci und wem?«, frage ich.

»Djor, Krischtschen Djor«, wiederholt sie.

»Selbstverständlich«, sage ich, ohne besserwisserisch darauf hinzuweisen, dass Christian Dior kein Amerikaner war.

Das Hotel, in dem sie gerne absteige, sei das Hyatt in Berlin, und der Club, in dem sie am liebsten tanze, heiße Neunzig Grad. Ihre bevorzugten Restaurants seien Kuchi Sushi in Berlin und Quattro Cani in Köln. »›Quattro Cani‹ – ein Italiener?«, frage ich eher unoriginell.

»Nein, ein Chinese – und er serviert Hunde«, sagt ihr Manager. Ich lache herzlich, er stimmt ein: Wir beide verstehen uns, glaube ich. Sarah lacht nicht.

»Von wo sind Sie heute Nachmittag angereist?«, wechsle ich das Thema.

»Von Frankfurt«, antwortet sie.

»Haben Sie für die Kurzstrecke einen Linienflug gewählt?«

»Nö, Lufthansa«, sagt sie.

April 2003

Was seither geschah

Sie ist in der Zeit seit diesem Interview zur vermutlich erfolgreichsten deutschen Popsängerin aufgestiegen. Einen Zusammenhang mit dem Interview gibt es wahrscheinlich nicht. Im Gegensatz zu dem vom Autor gezeichneten Bild von Connor wird diese mehrheitlich als liebenswert, talentiert und mit gutem Benehmen auftretend wahrgenommen. Auch ist der Autor, so sieht es aus, einer der wenigen, die immer noch glauben, sie sei mindestens fünf Jahre älter, als sie sagt. Selbst die sogenannte Realityshow mit ihr und ihrem Ehemann Marc, »Sarah & Marc in Love«, die bei ProSieben lief, machte sie möglicherweise noch beliebter bei vielen Zuschauern. Als dieses Buch hergestellt wurde, wurde darüber spekuliert, ob Sarah sich von ihrem Mann, einem Popmusiker aus Amerika, scheiden lasse, nachdem bekannt geworden war, dass dieser sich oft in Stripclubs in der Nähe des Europa-Parks in Rust, wo er ein Engagement hatte, aufhielt und möglicherweise eine Affäre mit einer Nackttänzerin (oder mehreren Nackttänzerinnen) hatte.

Interview mit einem Vampir

Willem Dafoe ist im Gespräch nicht ganz so gefährlich wie im Film.
Immerhin zwingt er Journalisten, die ihm zu nahe treten,
mit einem Killer-Grinsen in die Knie.

»Wenn ich erzähle, dass ich gerne im Garten arbeite – was würde geschehen?« Willem Dafoe.

»Seien Sie bitte sehr pünktlich«, sagte die Frau von der Filmverleihfirma, »bei einem Hollywoodstar darf keine Panne passieren.«

Zwanzig Minuten vor meinem Interviewtermin stehe ich an der Rezeption des Hotels Baur au Lac.

»Sie sind zu früh, mein Herr«, sagt der Concierge.

»Ich weiß, melden Sie mich bitte trotzdem an«, erwidere ich, »bei einem Hollywoodstar darf keine Panne passieren.«

»Sehr wohl«, sagt der Concierge und bietet mir einen Platz an.

»Ich werde an dem Tischchen dort drüben warten«, sage ich, »darf ich Ihnen meine Mobiltelefonnummer aufschreiben? Bei einem Hollywoodstar …«

»Es wird keine Panne passieren«, unterbricht er mich.

Fünfundzwanzig Minuten später hetzt eine Frau mit dunklen Haaren durch die Halle. Ich versuche, Blickkontakt herzustellen, weil ich vermute, sie ist von der Filmverleihfirma – andere Frauen schlurfen durch die Halle und haben weiße Haare mit Blaustich. Doch sie sieht durch mich hindurch. Fünf Minuten später sausen die dunklen Haare erneut wie ein Windstoß in die Halle.

Ich frage: »Verzeihung, sind Sie …«

»Ich habe keine Zeit, ich suche den Herrn von der *Weltwoche*«, fällt sie mir ins Wort.

»Das bin ich«, antworte ich und setze mein gewinnendes Lächeln auf.

»Sie sind zu spät«, sagt sie in einem Ton wie Kathy Bates im Kinofilm »Misery«.

Sie führt mich in ein leeres Zimmer.

»Warten Sie – ich hoffe für Sie, dass er sich noch nicht hingelegt hat.« Wenige Minuten später tritt Willem Dafoe, 47, ein: Der würmerschluckende Paraplegiker aus »Born on the Fourth of July«; der echte Vampir, der in »Shadow of the Vampire« einen Vampir spielt und als Gage seine drogensüchtige Filmpartnerin bekommen soll; der abartige Zahnkronenträger aus »Wild at Heart«. Er trägt ein weißes Unterhemd, eine offene dunkelblaue Wolljacke und einen schwarzen Regenmantel, dazu zerschlissene schwarze Jeans und schwarze Lederslipper. Ich vermute, er hatte sich bereits hingelegt – in seinen Kleidern.

»Mister Dafoe, ich habe viel über Sie gelesen, aber wenig Privates gefunden – erzählen Sie mir bitte etwas Persönliches.«

Er sagt, er spreche ausschließlich über Filme. »Ich bin nicht verpflichtet, Privates preiszugeben.«

»Natürlich nicht – ich erwarte ja nicht, dass Sie etwas zu Persönliches erzählen«, erwidere ich und zwinkere ihm zu. Das war eine Anspielung auf das Gerede, wonach sein Geschlechtsteil das größte der Branche sein soll – der *Observer* nennt ihn »King Dong«, und Madonna soll ihn deshalb als ihren Partner im Streifen »Body of Evidence« auserwählt haben.

»Angenommen, ich würde erzählen, dass ich gerne im Garten arbeite – was würde geschehen?«, fragt er. Ich antworte, dass nichts geschehen würde, außer dass ich fragen würde, in welchem Gartencenter er Werkzeug und Samen kaufe. Falsch, sagt er, andere Journalisten würden bei mir abschreiben, und bald würde das Publikum, das in seine Filme geht, denken: Das ist also dieser Dafoe, der in seiner Freizeit im Garten arbeitet. Und kein Zuschauer, meint er, würde sich mehr auf die Figur, die er spiele, konzentrieren.

»Ich verstehe«, lüge ich und bitte ihn, wenigstens zu verraten, in welcher Buchhandlung er gerne schmökere, welchen Plattenladen oder welches Restaurant er möge. Nein, denn Bücher, Platten und Speisen enthüllen ebenfalls viel über die Persönlichkeit, erwidert er.

»Ich habe gelesen, Sie interessieren sich für Privates aus dem Leben anderer Leute«, versuche ich ihn zu knacken.

»Stimmt, ich stürze mich darauf«, antwortet er. Ich sehe ihm in die Augen, er grinst und hält meinem Blick stand. Ich grinse zurück und denke, wenn er zuerst blinzelt, habe ich gewonnen, und er muss mir alles über sein schönstes Gartencenter, seine bevorzugte Buchhandlung, seinen liebsten Plattenladen und sein Stammlokal erzählen. Natürlich verliere ich – sein Killer-Grinsen sei so gut wie das von Jack Nicholson, schreibt der *Observer*.

»Sorry, Sie werden von mir keine Buchtitel, Bandnamen oder Restaurantadressen bekommen«, sagt er.

»War nett, Sie persönlich kennenzulernen«, erwidere ich und freue mich, dass mir zumindest ein Wortspiel gelungen ist.

»Ganz meinerseits«, antwortet er, »und nehmen Sie's nicht zu ernst – es war nicht persönlich.«

April 2003

Was seither geschah

Er spielte auch seit diesem Interview weiter gute Rollen in guten Filmen. Zudem trat er in den »Spider Man«-Filmen (1, 2 und 3) auf; ich durfte ihn befragen, als er für den ersten Teil Reklame machte. Was sein Privatleben angeht: Ungefähr ein Jahr nach unserem Gespräch trennte er sich von Elisabeth LeCompte, die elf Jahre älter ist und mit der er über 20 Jahre zusammen war. Danach heiratete er eine Giada Colagrande, damals dreißig und Schauspielerin (zwei Filme, Quelle: IMDB), Regisseurin (zwei Filme, dieselben), Drehbuchautorin (zwei Filme, dieselben) und Produzentin (ein Film, siehe oben). Vermutlich muss man jetzt in Interviews nicht mehr über seine Arbeit für Wooster Group reden – Leiterin dieses Experimentaltheater-Ensembles (*New York Times*) ist seine Expartnerin.

Der Styler

Jan Delay macht gute Musik und ist wohl auch cool. Aber dass dieses Interview peinlich rüberkommt, sagt er selber.

»Das ist nicht vertretbar, aus religiösen Gründen«: Jan Delay, deutscher Musiker, 30.

»Du gibst ein Interview vor dem Auftritt, ist man da nicht angespannt?«

»Nein, kein Problem, zumal das ja noch sehr lange hin ist. (Es ist 17 Uhr, er spielt um 22.30 Uhr.) Ich habe eher keinen Bock nach dem Auftritt, da will ich ein bisschen feiern.«

»Ich frage, weil ich Jimmy Cliff getroffen habe und der Interviews nur nach dem Konzert gibt.«

»Ja, jedem Tierchen sein Pläsierchen. Und für mich bitte noch drei Bierchen. Den könnte ich an Fettes Brot verkaufen.« (Drei Rapper aus Hamburg, wo er auch herkommt.)

»Wie viel kostet so ein Reim?«

»Weiß ich nicht, das ist ja schon eine *hookline*, die ist teuer.« (Textzeile, die den Wiedererkennungswert eines Stücks ausmacht)

»Einen vierstelligen Eurobetrag?«

»Ähm, ja. Die Zeile ist auch *catchy*, weil sie aufbaut auf einer Redewendung, das verdoppelt den Betrag. Und dann noch aktualisiert mit den Bierchen und zugänglich gemacht für die Unterschicht.«

Wir sitzen im Wagen eines Mitarbeiters der Plattenfirma und verlassen Winterthur, wo später sein Konzert stattfinden wird. Jan Delay, der eigentlich Jan Eißfeldt heißt, hat zuvor noch eine Verabredung bei Radio Energy in Zürich. Er scheint ein wenig genervt. Ich vermute, ich entspreche seinen Erwartungen nicht, ich meine, ich bin ein Mann, 41, habe einen Anzug an … (Er entspricht meinen Erwartungen auch nicht, nebenbei: Er behält zwar seine Mütze und die Sonnenbrille auf im Wagen, aber er legt den Sicherheitsgurt an – im Fond eines Passat.)

»In der *Neuen Zürcher Zeitung*, der schlausten Zeitung der Schweiz und so was wie die *Frankfurter Allgemeine* …«

»Du willst jetzt aber nicht sagen, dass die *Frankfurter Allgemeine* die schlauste Zeitung von Deutschland ist?«

»Siehst du's nicht so?«

»Keine Ahnung, ich lese die ja nicht, das ist so eine Lehrerzeitung. Eigentlich lese ich sowieso nur *Mopo*.«

»*Hamburger Morgenpost*?«

»Ja, viel Bild und wenig Wort.«

»Und die *Bild-Zeitung*, oder?«

»Nein, die ist schlecht, nicht vertretbar, aus religiösen Gründen.«

»Also, in der schlausten Zeitung der Schweiz stand, du zählst zu den schlausten Musikern Deutschlands.«

»Das will ich gar nicht sein, ich will die geilste Tanzplatte Deutschlands gemacht haben.«

»Du wirst als ›Chefstyler‹ beschrieben, was ist das eigentlich?«

»Wie ›Was ist das eigentlich‹?«

»Was darf ich mir darunter vorstellen? Einen, der Style hat in Äußerlichkeiten oder in der Musik oder was?«

»Alles, Chef bedeutet das alles, Superstyler eben. Das mit dem Style ist mir wichtig, ich finde, es setzt sich alles daraus zusammen, Politik, Musik, Sport, alles.« (Er spricht durch die Nase, seine Stimme klingt fast wie ab Platte; sein bisher bestverkauftes Stück war eine Reggae-Version von Nenas »Irgendwie, irgendwo, irgendwann«.)

»Reden wir von Style im Sinne von Haltung?«

»Auch, im Sinne von alles.« (Wer zählt sonst wohl noch zu den schlauesten Musikern Deutschlands, Sarah Connor?)

»Die Leute, zu denen ich aufschaue, haben einiges auf dem Kasten, was Style angeht, weil sie sich mit den Ursprüngen auseinandersetzen. Aber das Ding ist, wenn das Wort Style auftaucht, kommt das peinlich rüber, auch jetzt in dem Interview, das ist schon wieder unstylish.«

»Zu wem schaust du auf?«

»Oliver Geissen.« (Ein deutscher Fernsehmoderator. Ich weiß nicht, ob der bekannt genug ist in der Schweiz, damit das lustig ist.) »Und Dr. Dre, er ist das Vaterunser auf zwei Beinen.« (Ein amerikanischer Rapper.)

»In einem Interview hast du gesagt, du möchtest auf keinen Fall zum Berufsjugendlichen werden.«

»Kann gut sein.«

»Wie verhindert man das?«

»Indem man 'ne Platte macht wie ›Mercedes Dance‹, die ist schon ganz normal das Alter, das ich habe.« (Er ist dreißig, und der Musikkritiker der *Weltwoche* schrieb: »Deutschlands heimlicher Weltstar musiziert sich verdammt cool durch die Stile.«)

»Das war jetzt zur Musik, aber wie verhinderst du, dass du kein Berufsjugendlicher wirst im Leben?«

»Was ich hoffe mit dieser Platte: dass die Kids drauf flashen.« (Er will nur über seine Platte reden, das ist auch in Ordnung. Und ich weiß nicht, was das heißt, wenn die Kids auf was flashen, aber ich glaube, ich habe trotzdem eine Antwort auf meine Frage.)

»Hoffentlich regnet es heute nicht.« (Das kam von ihm, er tritt im Freien auf später.)

»Stehst du gerade?« (Das ging an den Mann von der Plattenfirma; wir sind im stockenden Verkehr auf dem Neumühlequai in Zürich.)

»Ich muss mal auf Holz klopfen.« (Er steigt aus, fasst einen Baum an, nimmt wieder Platz und legt den Sicherheitsgurt an.)

»Da vorne in dem Pornokino gab's mal den geilen Film ›Das Sommerloch‹.«

September 2006

Was seither geschah

Seit der Veröffentlichung seines Albums »Mercedes Dance«, als dieses Interview geführt wurde, hat er keine neue Platte mehr aufgenommen (Stand Dezember 2008). Das soll aber nicht heißen, Jan Phillip Eißfeldt, wie er richtig heißt, sei seither inaktiv gewesen. So hat er etwa auf dem Album »Stark wie zwei« von Udo Lindenberg ein Lied mit dem Musiker zusammen aufgenommen, das in Deutschland auf Platz 28 der Singlecharts kam, also fast ein Hit war. Zudem arbeitet er gelegentlich als Discjockey in Deutschland und in der Schweiz und redet in zahlreichen Interviews für Zeitungen und Zeitschriften über Kleidungs- und Lebensstil respektive eben *Style*.

Mister Big

Rolf Eden, Berlins ältester Playboy, kann auf eine vierstellige Anzahl Affären zurückblicken. Seine Technik ist deutlich besser als sein Geschmack.

»Wenn ich mit Feministinnen fertig bin, sind sie bloß noch feminin«: Rolf Eden, 74.

»Ich bin noch in Cannes, steig aber gleich in den Flieger und hol Sie dann ab«, sagte er, als ich ihn nach meinem Eintreffen in Berlin anrief wie verabredet. Dreieinhalb Stunden später meldete er sich: »Ich bin jetzt unten.« Ich sah aus dem Fenster des Hotels, konnte aber nicht den Rolls-Royce erkennen, mit dem er manchmal an Haltestellen halte, um zu einer Frau zu sagen: »Sie haben's doch nicht nötig, Bus zu fahren, kann ich Sie irgendwohin bringen?« (*Sonntagsblick*) Sondern bloß ein Taxi, neben dem ein Mann in weißen Hosen, weißen Slippern und mit einer orangefarbenen Baseballkappe auf dem Kopf stand.

»Haben Sie Zeit?«, fragte er, als ich einstieg (ich prägte mir diese Aussage ein, für das nächste Mal, wenn ich irgendwo zu spät bin).

»Dann fahren wir zu mir, damit ich mich umziehen kann, und dann gehen wir essen.« Als er den Hauptschalter im Entree seines Hauses in Dahlem umlegte, gingen die Lichter und das Radio an. Er tanzte zu Jazz Radio Berlin durch das Wohnzimmer und sichtete dabei die Post – »Freikarten für Woody Allen? Hab ich doch längst, ich organisier ja das Konzert. Komich …« (Er sagt »komich«, nicht »komisch«.) »Berlins letzter Playboy« (*Die Zeit*) – ehemals Diskothekenbesitzer, heute 74 und Immobilienhändler – scheint denselben Einrichter gewählt zu haben wie Udo Jürgens für seine Wohnung in Zürich; einen Menschen, der von Beruf wohl Setbauer für Sexfilme war in den achtziger Jahren (Wände aus getrübtem Spiegelglas, Spannteppiche und Sofas in Beige, Bar in Schwarz und Gold). Er trägt jetzt einen weißen Nadelstreifenanzug von Gianni Versace, und wir gehen zur Garage mit dem Rolls-Royce Silver Seraph und dem Corniche. (Weil es regnet, nehmen wir den Seraph.) Jazz Radio Berlin läuft, und er singt mit – »I'm never satisfied, oh no …«

»Tatsächlich?«

»Bestimmt. Wenn ich befriedigt wäre, wäre ich wohl tot.« Ich denke, ich habe noch nie einen älteren Mann kennengelernt so voller Tatendrang. (Außer vielleicht Roger Schawinski.)

»In der *Süddeutschen* stand, Sie seien ein ›Sexprotz‹, in der *Zeit*: ein ›ironieresistenter Lebemann‹ – wie würden Sie sich beschreiben?«

»Ein Mensch, der macht, was er will.« Unoriginell wie der Satz eines Singles in »Herzblatt« vielleicht, aber angemessen wohl. Er verdiente als Jazzer mit fünfzehn mehr als sein Lehrer, hatte mit dreißig die erste Million, zeugte sieben Kinder (jetzt zwischen acht und vierzig Jahre alt) mit sieben Frauen und schlief mit ungefähr 2993 weiteren (sagt er).

»›Der Spiegel an der Decke meines Schlafzimmers turnt mich an. Es ist wie im Porno‹, haben Sie gesagt. Aber richtige Männer liegen doch immer oben – dann können Sie ja gar nicht in den Spiegel gucken …«

»Was ist denn das für eine Theorie? Das hab ich noch nie gehört. Es gibt im Sex keine Regeln. Es ist, wie's gerade kommt.«

»Nehmen Sie Viagra?«

»Das glaubt mir kein Mensch, hab ich noch nie genommen. Wenn ich Viagra brauchte, würd ich 'ne andere Frau nehmen.« Dann, etwas zusammenhangslos zwar, aber ebenfalls munter, sagt er: »Feministinnen? Wenn ich mit denen fertig bin, sind sie bloß noch feminin.«

»Wie wird man eigentlich Playboy?«

»Das kann man nicht werden, das ist man. So wie Pianist. Sie könnten übrigens auch Playboy sein.« (Und, nebenbei bemerkt, ich gäbe den besten Bond ab, hat Roger Moore gesagt – merkwürdigerweise schreibe ich im Hauptberuf noch immer Kolumnen.) Seine Lieblingshotels seien das Concorde Lafayette in Paris, das Hilton in Cannes und das Bonanza Playa auf Mallorca. Sein Lieblingsclub sei der First und seine Lieblingsbar die Lola in Berlin.

Im Restaurant The Room geht er dann »mal eben kurz checken«.

»Ich habe zwei nette Damen getroffen, kommen Sie mit«, sagt er. Wir setzen uns dazu (eine sieht aus wie aus »My Big Fat Greek Wedding«, die andere wie die dickliche Schwester von Donatella Versace), er bestellt Champagner. Dann steht er auf, verabschiedet sich von den Frauen. Mich fragt er: »Soll ich Sie ins Hotel fahren?«, beugt sich aber herunter und sagt in mein Ohr: »Bleiben Sie – die Damen sind zu haben.«

Juli 2004

Was seither geschah

Rolf Eden rief mich einige Monate nach dem Erscheinen dieses Interviews an und bedankte sich. Weil seither auch deutsche Journalisten sich wieder an ihn erinnerten und ihn interviewt hätten. Das ist circa vier Jahre her. Und als dieses Buch in Druck ging, kam es noch besser: Sein Leben soll verfilmt werden. Im Film werde »alles, was ich verbrochen habe« geschildert, sagte er einem Journalisten von *Bild*. Zuvor wurde über ihn berichtet, als ihn seine Freundin Brigitte (»leider schon 29«, Eden) nicht heiraten wollte – und ihm das erst drei Tage vor der geplanten Hochzeit mitteilte. Des Weiteren erzählen Journalisten seit Jahren die unbestätigte Behauptung, er sei Mitglied einer Eliteeinheit der israelischen Armee gewesen, in den sechziger Jahren vermutlich. Darüber wollte er mit mir nicht reden, nicht einmal nachdem er bei einer Lesung von mir in Berlin als Gaststar aufgetreten war (er hatte meinen Text über sich vorgelesen) und wir danach in ein Restaurant mit Buffet im Grunewald fuhren. Und schließlich meldete sich Gunter Sachs, zu dem ich eine Zeitlang eine verhältnismäßig gute und enge berufliche Beziehung hatte, bei mir und entfernte sich danach von mir wegen meines Textes über Eden – Sachs hatte es nicht geschätzt, dass ich Eden als »Playboy« bezeichnet hatte. Er fand, wer ihn, Sachs, näher kenne, solle dieses Wort sparsamer benutzen.

Der Pinsel

Martin Eder ist so was wie ein Malerstar und als Typ recht cool, deshalb darf man ihm nicht böse sein für dieses Interview.

»Wie bei einem Zug, der in einen Bahnhof fährt, ohne zu bremsen«: Martin Eder, Kunstmaler, 37.

»Ich interview eigentlich sonst nie Leute, deren Zeug ich gut find, weil man dann befangen ist.«

»Ja.«

»Deine Bilder find ich aber gut, und Mariah Carey hab ich auch interviewt, obwohl mir ihre Musik gefällt.«

»Die sieht aber besser aus als ich.«

»Na ja, viele Promis sehen ja eigentlich eher schlecht aus, darum werden sie prominent, weil sie einen Antrieb haben …«

»So.«

»Sehen andere Maler denn auch so gut aus wie du?«

»Ich treff so selten Maler, ich hasse Kunst und Künstler.«

»Ehrlich?«

»Ist das schon Teil des Interviews?«

»Ja, ich schreib eine Kolumne, ziemlich persönlich.«

»Ah ja.« (»Wortkarg wie eine von Kaurismäkis Filmgestalten«, stand in der *Art*, einem Kunstmagazin.)

Wir sind im Café Einstein an der Kurfürstenstraße in Berlin, und er hat ein schwarzes Hemd an, weit offen, obwohl es kalt ist draußen, ein schwarzes Samtjackett, spitze Schuhe, und sein Haarschnitt ist ähnlich wie der von Ulf Poschardt. (Wahrscheinlich war er auch mal Popper.) Malen gelernt hat er an der Hochschule in Dresden, er ist aber einer aus der Neuen Leipziger Schule, weil Eigen + Art in Leipzig seine Galerie ist, und die Leipziger Schule ist ja ein Welterfolg, stand in der *Zeit*. Er malt etwa Aquarellbilder, auf denen Mädchen sind mit Haustieren, im Bett oder am Meer zum Beispiel, und die kosten mindestens 30000 Euro. »Eine nach Kaufhauskunstmanier verkitschte Aktmalerei«, stand in der *Neuen Zürcher Zeitung*, »ein Meister des schlechten Geschmacks« in der *Art*, aber: »In den USA wird seine Lolita-Kunst als ›hot‹ gefeiert«, schrieb einer im *Spiegel*. (Ich hätt noch mehr aus Zeitungen und Zeitschriften, um zu zeigen, dass er berühmt ist. Aber ich geb zu, ich hab vorher auch noch nie was gehört von ihm.)

»Wie sieht der Tag aus, wenn du malst?«

»Also der Tag, an dem ich male, ist meist ein fürchterlicher Tag, und es geschieht eigentlich selten, weil ich bin extrem faul.«

»Wirklich?«

»Ja, ich bin einer der faulsten Menschen. Ich steh auf, geh ins Atelier …«

»Wann stehst du auf?«

»Um sieben.«

»Nicht so faul.«

»Ja, ältere Menschen stehen ja früh auf.« (Er ist 37.)

»Dann sitz ich sechs, sieben Stunden rum, dann mach ich eine Stunde was, und dann hör ich auch schon wieder auf.«

Verona Pooth würde sagen: »Von zehn Stunden sitz ich sechs, sieben rum, und eine Stunde mach ich was.« (Was sie, nebenbei, wirklich zu mir gesagt hat: »Von sieben Tage die Woche arbeite ich vier, und zwei nehm ich frei.«)

»Und was machst du, während du rumsitzt?«

»Da denk ich nach, das ist wie bei einem Zug, der in einen Bahnhof fährt, ohne zu bremsen.« (Ich hab mal Sylvie Fleury interviewt, eine Künstlerin aus Genf, die hab ich auch nicht recht verstanden, aber da meinte ich, es lag daran, dass sie englisch sprach.)

»In der *Art in Review*, einem amerikanischen Magazin, stand, deine Arbeit zeige mehr verwirrten adoleszenten Wagemut als den schlüssigen Entwurf einer Vorstellung.«

»Ja, das war mein Lieblingsartikel, wenn einen jemand als pubertär bezeichnet, das find ich große Klasse.«

»Wenn du so was liest, findest du das dann überspannt, oder denkst du: ›Endlich einer, der die Tiefe meines Werks auslotet‹?«

»Der Witz ist, dass mein Werk absolut oberflächlich ist.«

»Also ist der Artikel überspannt?«

»Nee, noch nicht genug, es geht noch mehr. Und ich lern halt, man muss noch tiefer den Finger in die Wunde legen, aber nicht in die eigene, sondern die der andern.«

»Ich versuch ein Gebiet, auf dem ich dich vielleicht versteh: Wie reagieren Frauen auf einen erfolgreichen jungen Maler?«

»Keine Ahnung, da musst du Frauen fragen.«

»Ja, sind aber leider keine da.«

»Und wenn wir durchs Lokal gehen?«

»Eine Umfrage, okay, aber dann musst du erst ein Bild malen.«

»Also ich hab festgestellt, dass es ihnen relativ wurscht ist, die stehen mehr auf Journalisten.«

»Klar, weil sie meinen, sie kämen vor im nächsten Artikel, aber beim Maler meinen sie, sie seien sein nächstes Motiv.«

»Nee, es ist nicht so einfach, weil die meisten wollen gar nicht aufs Bild.«

»Das glaub ich nicht, jede Frau will ein Bild von sich, frag Gregor, was abgeht, wenn er mit der Kamera rumläuft.« (Den Fotografen, der danebensitzt, das Bild von ihm machte und nichts sagt.) »Nee, ging bei mir immer schief, nur Nerds kommen auf mich zu, mit dicker Brille und so, aber das ändern wir jetzt, mit der *Weltwoche*.«

Februar 2006

Was seither geschah

Im Jahr 2006 stand in der Überschrift noch »Martin Eder ist so was wie ein Malerstar«, heute dürfte man schreiben: »ist ein Malerstar«. Er ist zurzeit einer der erfolgreichsten und teuersten (somit vermutlich besten) jüngeren deutschen Maler. Im September 2007 zum Beispiel wurde sein Bild mit Namen »Untitled – Memoirs of my nervous illness« vom Auktionshaus Christie's in New York für umgerechnet 132 000 Euro versteigert. Käufe über den sogenannten Sekundärmarkt sind gegenwärtig wohl die beste Möglichkeit, einen Eder zu bekommen, die nächsten circa zwei Jahre ist er damit beschäftigt, Bilder zu malen, die seine Galerie bereits verkauft hat beziehungsweise für die Bestellungen vorliegen.

Die Blonde

Popmusikerin Sophie Ellis-Bextor hat ihr Aussehen durch und durch verändert – darf man ihr deshalb intimste Fragen stellen?

»Männer in finanziellen Schwierigkeiten ziehen mich an«: Sophie Ellis-Bextor, 24, Sängerin.

»Sophie erwartet Sie in der Penthouse-Suite – ich hole Sie in einer Minute in der Halle ab«, sagte die Dame von der Plattenfirma am Mobiltelefon. Eine Viertelstunde später wendete ich mich an den Concierge des Marriott: »Wie lange benötigt man von der Penthouse-Suite in die Halle?«
»Normalerweise einige Minuten, heute etwas länger – weil bloß ein Fahrstuhl in Betrieb ist.«
Als sich dessen Schiebetür öffnete und missgestimmte Gäste heraustraten, rief mir eine Dame aus dem Aufzug zu: »Steigen Sie ein, rasch.«
»Zu Fuß sind wir möglicherweise schneller«, erwiderte ich.
»Die Suite befindet sich in der 39. Etage«, hielt sie dagegen.
Ich wollte anmerken, dass es in Zürich keine so hohen Gebäude gebe, aber einige Ungeduldige hinter mir drängelten.
»Sehen Sie?«, fragte sie und zeigte auf die 39 neben dem obersten Knopf. Ich unterließ es, darauf hinzuweisen, dass die Stockwerke 7 bis 24 fehlten – und der Fahrstuhl 20-mal hielt, bevor wir die »39.« Etage erreichten. Die Suite war leer; Miss Ellis-Bextor, vermutete ich, war bereits wieder abgereist.
»Hallo, ich bin Sophie«, sagt sie, als sie 20 Minuten später eintritt.
Ich antworte: »Es ist mir ein Vergnügen, Sie kennenzulernen …«
»Haben wir uns nicht bereits zuvor getroffen?«, unterbricht sie mich. Ich bin geschmeichelt: Sophie Ellis-Bextor, 24, die »Pop Diva Extraordinaire« (*Observer*), die »Britin mit dem kühlen Sex-Appeal« (*Elle*), erinnert sich an mich. Vor einem Jahr habe ich sie in London befragt (»Kaufzwang« vom 6. Februar 2003) – und bei der »unüblichen Schönheit« (*Independent*) einen bleibenden Eindruck hinterlassen. Ein Kompliment. (Ich halte es für unwahrscheinlich, dass ihr der Manager riet: »Mach dem Journalisten vor, du würdest ihn wiedererkennen – dann schreibt er was Nettes.«)
»Darf ich Sie Sophie ›das Elefantengedächtnis‹ nennen?«, will ich wissen.
»Lieber nicht, das klingt wie Sophie ›der Elefantenmensch‹«, entgegnet sie.
Sie trägt ein schwarzes Kostüm aus den vierziger Jahren mit einem Loch unter dem Schulterblatt. Kleider dürfen Löcher aufweisen, findet Prinz Asfa-Wossen Asserate, Autor von *Manieren* (»Kaufzwang« vom 8. Februar 2004) – so zeige die Trägerin, dass sie über Bekleidungsregeln stehe. Ihre schwarzen Pumps mit hohen Absätzen kaufte sie in einem Fetischmodegeschäft auf der Reeperbahn.
»Verraten Sie mir, wie Ihre heutige Aufmachung heißt?«
»Hitchcock-Blondine«, erwidert sie.
»Tart?«, frage ich und reiche ihr einen Teller mit Gebäck vom Beistelltisch. (»Tart« steht im Englischen nicht bloß für »Obsttorte«, sondern auch für »aufgetakeltes Fräulein«.)
Sie ignoriert meine Ungehörigkeit – Tippi Hedren im Film »Die Vögel« sei zurzeit ihr Vorbild. Neulich war sie noch die »selbstbewusste Brünette« (Werbetext der Plattenfirma), und jüngst »posierte sie mit roter Mähne à la Rita Hayworth« (*Elle*).

»Haben sich Ihre Lebensumstände ähnlich radikal verändert wie Ihre Frisuren?«, bediene ich ein Klischee, das bereits alt war, als Tippi Hedren ein Backfisch war – und das Miss Ellis-Bextor deshalb vielleicht noch nicht kennt.

Ja, sie habe sich von ihrem Freund, mit dem sie sechs Jahre zusammen war, getrennt. Doch sie habe schon einen Neuen, »einen erfolglosen Musiker – Männer in finanziellen Schwierigkeiten ziehen mich an.«

»Weitere veränderte Umstände?«, erkundige ich mich.

Sie legt eine Hand auf ihren Bauch und sagt: »Ich trinke seit kurzem reichlich Bier.«

Ich gerate in Gewissensnot: Ist es statthaft, eine Frau, die einem ein Interview gewährt, zu fragen, ob sie schwanger sei? Prinz Asfa-Wossen, mein Manierenberater, würde verneinen, denke ich. Folglich vergesse ich die Schlagzeile und frage nach dem Namen ihres Coiffeurs – der Aveda Salon in London. Ihre bevorzugten Modedesigner seien Marc Jacobs, Tom Ford sowie »Hennie« (H&M); ihre liebsten Restaurants das Galangal und das Hammersmith Cafe.

Wenige Tage später berichtet die *Sun*: »Sängerin Sophie Ellis-Bextor im dritten Monat schwanger!« (Und der Reporter, der die Geschichte hatte, wird bestimmt befördert.)

Januar 2004

Was seither geschah

Die gute Nachricht für Leute, die die Musik von Sophie E.-B. mögen: Nach einer Pause, die sie einlegte, nachdem ihr Sohn Sonny, der in diesem Interview erst in Ansätzen vorkommt, geboren wurde, veröffentlichte sie 2007 ihr drittes Album. Die schlechte Nachricht: Die ihr zugeschriebene Musikstilrichtung – »intelligenter Pop für Erwachsene, die gerne tanzen oder so« – wird wohl nicht *the next big thing* für die Industrie, sondern vermutlich eine Wunschvorstellung von männlichen Musikjournalisten um die vierzig bleiben, vor allem, wenn dieser intelligente Pop von Musikerinnen, die gut aussehen und circa 15 Jahre jünger sind, interpretiert wird. Ellis-Bextors Single von 2007, »Catch you«, bekam ziemlich wenig Airplay in deutschen Radiosendern, und das Album dazu, »Trip the Light Fantastic«, war zu der Zeit, als dieses Buch gedruckt wurde, bei amazon.de, einem Versandhaus für Tonträger im World Wide Web, nicht auf Lager.

Die Textbotschaft

Gibt es etwas Ermüdenderes als Interviews mit Fußballern? Ein Interview mit dem Superfußballer Samuel Eto'o.

»Hauptsache, es macht die Leute glücklich«: Samuel Eto'o, 25.

»Ich hab zehn Fragen, und Sie haben sieben Minuten Zeit, hab ich gehört.«
Er sagt nichts, weil er grad eine Textbotschaft schreibt auf seinem Mobiltelefon, das er unter den Tisch hält. Neben ihm sitzt eine junge Frau, die spanisch spricht (mit ihm auf jeden Fall) und wohl so was ist wie die Pressefrau, ich weiß es nicht genau, weil sie nichts sagte, als ich mich vorstellte.
»Ich fang dann an, wenn Sie einverstanden sind.« (Er sagt nichts, die Textbotschaft ist ziemlich lang.)
»Was denken Sie, bevor Sie einen Elfmeter treten?«
»Das Tor zu treffen.«
»Und was denken Sie, wenn Sie danebenschießen?« (Er schoss daneben im Februar, weshalb die Mannschaft der Elfenbeinküste in das Halbfinale des Afrika-Cups kam und nicht die von Kamerun, für die er spielt.)
»Das kann passieren.«
Wir sind in Berlin, am Hackeschen Markt, einer Einkaufsstraße, im Geschäft von Augenoptik Lehmann. Vor meinem Interview mit dem »Wunderstürmer vom FC Barcelona« (*Blick*), der Mannschaft, die die Champions League gewonnen hat dieses Jahr, war eine Wohltätigkeitsveranstaltung von Puma, »United for Africa«. (Ich muss das schreiben, weil Puma meinen Flug nach Berlin zahlte.) Und er musste kurz auf die Bühne, als »Afrikas Fußballer des Jahres«. (Und als einer, der Geld bekommt von den Puma-Chefs, vermute ich, weil er diese Marke trägt.) Eto'o hat Zeit, weil sich Kamerun nicht für die WM qualifiziert hat und er der beste Fußballer ist, der bei dem Turnier fehlt. Er trägt ein Oberteil von Puma, Jeans mit aufgestickten Blumen und eine Uhr, die so bling ist wie die Uhren, die 50 Cent in seinen Videos trägt.
»Ich weiß nicht, ob er noch mit Ihnen spricht, er ist müde, er gibt seit 10 Uhr Interviews, pausenlos, und er muss bald weg«, sagte eine Frau von Puma vorher. (Es war 14 Uhr.)
»Okay, Sie sind dran, Sie haben sieben Minuten, fragen Sie nicht, wer Weltmeister wird, sondern was über Afrika«, sagte sie dann.
»Was ist das Beste am Leben in Europa?«
»Dass ich auf hohem Niveau Fußball spielen kann.«
»Und das Beste am Leben in Afrika?« (Die Afrika-Frage, voilà.)
»Das kann man nicht vergleichen.«
»Klar, aber es gibt bestimmt Dinge, die gut sind am Leben in Afrika.«
»Ja, sicher.«
»Geben Sie ein Beispiel.«
»Die Art, das Leben zu betrachten.« Sein Französisch ist gut, das heißt, wenn er denn spricht. Jetzt grad ist er wieder bei seinem Mobiltelefon, der Empfänger der Textbotschaft hat geantwortet vermutlich. (Macht man das eigentlich als Fußballer, wenn man jemanden gegenüber hat, der für ein Sieben-Minuten-Interview nach Berlin geflogen ist, oder fordere ich zu viel Aufmerksamkeit?)

»Welches Gefühl ist besser als das Gefühl, ein Tor geschossen zu haben?«

»Mit meinen Kindern zu sein.« Er ist 25, hat zwei Kinder und, so sieht's aus, ein Medientraining hinter sich. (Ich möchte wissen, ob ihm der Coach gesagt hat, er soll während Gesprächen Textbotschaften versenden, damit Journalisten gleich erkennen, wie nahe ihm Interviews gehen.) »Familienvater sein ist besser als Torschützenkönig der Primera División von Spanien sein?« War das jetzt eine blöde Frage, oder kennt er nur die Antwort nicht? (Er sagt nämlich nichts.)

»Wenn Sie ausgehen in Barcelona, nehm ich an, werden Sie behandelt wie ein König, ja?«

»Kann sein, aber ich geh nicht aus.« (Logisch, und falls Sie mal irgendwo die Schlagzeile lesen ›Starstürmer Eto'o trifft auch im Tabledance-Club‹, hier haben Sie gelesen, wie er wirklich ist.)

»Finden Sie eigentlich, Fußballer werden zu sehr bewundert, überschätzt vielleicht sogar?«

»Ich weiß nicht, ich mach meinen Job, ich mach den Leuten Freude. Fußball hat mit Leidenschaft zu tun, aber ich bleib kaltblütig. Hauptsache, es macht die Leute glücklich.« (Gute Arbeit, Herr Medientrainer, er ist bestimmt kein Naturtalent.)

»Lesen Sie?«

»Sehr wenig.«

»Können Sie ein Buch empfehlen?«

»Nein.« Nicht gut, sogar Verona Pooth kannte eines. (*Der gute Mensch von Sezuan* von Bert Brecht. Und die Schweizer Spieler, also die Intellektuellen unter ihnen, lesen Paulo Coelho angeblich, stand in der *Weltwoche*.)

»Ich zeig Ihnen noch was: In *GQ*, einem deutschen Männermagazin, schrieb die Kolumnistin, sie hätte gern Sex zu dritt, mit Ihnen und Ronaldinho. Sehen Sie, da ist ein Bild von ihr, wie finden Sie das?« Er lacht, richtig wie ein junger Mann, ist aus dem Zustand völliger Unbeweglichkeit und Reaktionslosigkeit getreten, kurz nur, aber immerhin.

»Ich kümmere mich nur um Fußball, das ist es, was ich tue.«

Juni 2006

Was seither geschah

Im Sommer vergangenen Jahres, als in der Schweiz und in Österreich Europameisterschaft war, behaupteten die Verantwortlichen des Vereins Kuruwtschi Taschkent, Samuel Eto'o werde einen Vertrag beim Spitzenverein von Usbekistan (Zentralasien) unterschreiben; der nationale Verband bestätigte die Meldung. Als dieses Buch in Druck ging, spielte der Stürmer aus Kamerun, der den FC Barcelona für circa vierzig Millionen Euro vielleicht verlassen könnte, noch immer in Spanien, obwohl seither auch die Chefs des AC Milan den Kameruner in ihre Mannschaft holen wollten. Dieser Vorstoß dürfte ernster genommen worden sein, der Präsident des Vereins aus Mailand war zu dieser Zeit Silvio Berlusconi. Überraschendes trug sich auch bei einer Konferenz im vergangenen Jahr zu: In Yaoundé, der Hauptstadt Kameruns, zog Eto'o einen Reporter an der Krawatte zu sich heran und versetzte ihm einen Kopfstoß, worauf es zu einer Prügelei kam.

Die Späte

Marianne Faithfull verschiebt ihren Psychiaterbesuch nicht wegen eines Interviews. Aber danach ist sie sehr cool.

»Ich kann nichts dafür. Ich bin der Boss«: Marianne Faithfull.

»Ich musste zu meinem Psychiater, das ist wichtig.« Sagt sie, weil sie drei Stunden und zehn Minuten verspätet ist. Sie trifft mich bei ihrem Manager im 8. Pariser Arrondissement. Die Wohnung hat Grandeur, ist aber staubig und unaufgeräumt wie das Haus von Lolita Morena bei Montana. (Darf man das eigentlich – jemandem, mit dem man nicht bekannt ist, vom Psychiaterbesuch erzählen? Und soll man darauf sagen: »Ich sehe, war es eine tiefe Sitzung?« oder so?)

»Sie sollten sich beklagen bei der Plattenfirma.« (Weil niemand ihr bestätigt habe, dass ich zum Interview anreisen werde.)

»Das werd ich tun.« (Werd ich nicht, sonst gelte ich als schwierig und bekomme noch weniger Künstler für Interviews. Und was haben die von der Plattenfirma in der Schweiz schon zu sagen überhaupt?)

»Ich werd mich beklagen, ich bin ein Professional. Und es gefällt mir nicht. Wenn ich Interviews gebe, gebe ich sie richtig. Anyway, schießen Sie.« Sie ist seit 40 Jahren im »monkey business« (der ist von Chris von Rohr, den ich pflege, damit er mir vielleicht auch mal ein Interview gibt irgendwann), aber sie erregt sich noch immer. Nur kurz zwar, dann ist sie bereit. Das ist Haltung, find ich. (Oder ist es Pose, und ich fall drauf rein – saß sie im Mathis, ihrer Lieblingsbar, bestellte Girolles, ihr Leibgericht, und sagte: »Lass mal, der Schweizer kann warten«?)

»Es wird ein kurzes Interview, ich muss nämlich weg in 20 Minuten, zum letzten Zug nach Zürich.« (Sie sagt nichts, das ist Haltung.)

»Ich will nicht namedroppen, aber ich hab mal ein Interview gemacht mit Jane Birkin …«

»Ah, Jane ist großartig.«

»Ja, und sie sagte: ›Als Frau über fünfzig ist man jenseits von Kritik. Fragen Sie Marianne Faithfull.‹«

»Ich bin nicht sicher, ich bin selbstkritisch. Aber was ich denke: Nicht jeder muss mich mögen. Manche mögen mich, manche nicht. Und obwohl das wehtut, weil ich eigentlich möchte, dass mich jeder mag, kann ich es akzeptieren.« (Toll, ich will das auch können. Herr Cohn, Herr Marquard, Frau Hagen, Hanspeter, sorry, Büne Huber – ihr seid okay, ich bin okay.)

»Was ist sonst noch gut am, ähm, Älterwerden oder Reiferwerden?«

»Man wird reifer.«

»Und was ist der Nachteil am Reiferwerden?«

»Dass man älter wird.« (Das war eine große Antwort, nicht?)

»In Interviews mit Ihnen sind oft Kraftausdrücke drin, fluchen Sie viel?«

»Oh, nicht viel, nein. Ich kann es, und wenn ich gedrängt würde, täte ich es vielleicht.«

»Ich find fluchen uncool, wenn man über 25 ist, und Sie sind doch sehr cool.«

»Es gibt ein paar Vier-Buchstaben-Wörter, die ich mag, ich liebe das irische ›piece of shite‹.« (Piece of »schoitt« klingt kraftvoll von ihr, sind auch mehr als vier Buchstaben.)

»Finden Sie sich eigentlich cool?«

»Ich bin nicht so cool, echt, ich bin, erm, zerrissen … Ich bin ziemlich cool im Moment, eigentlich, zum Glück, aber ich werd sehr leidenschaftlich und aufgebracht. Deshalb geh ich zum Psychiater.« (Sie will darüber reden, fürchte ich.)
»Fahren Sie immer nach Paris, um Ihren Psychiater zu sehen?« (Sie lebt bei Dublin nämlich.)
»Ja, ich bin oft hier, ich hab eine gute Psychiaterin.«
»Fair enough, andere fahren zum Coiffeur nach Paris.«
»Ich nicht, ich bin schlimmer, ich geh nach London zum Coiffeur, haha.«
»Zu wem denn?«
»Zu Keith von Smile.«
»Wirklich? Bryan Ferry geht auch zu dem, hat er mir gesagt.« (Ich will, wie erwähnt, ja nicht namedroppen.)
»Ja, alle gehen dorthin.«
»Ist Coolness nicht eher was Männliches?«
»Ich kann nichts dafür, ich bin ziemlich kalt. Ich hab maskuline Qualitäten, ich bin der Boss.«
»Was kann eine Frau über fünfzig noch Cooles tun?«
»Sechzig werden auf coole Art.«
»Ich hab einige Sätze über Sie aus Zeitungen – stimmen sie?« (Weil, it's a »monkey business«, und vieles stimmt nicht, außer in der *Weltwoche*.)
»Sie haben Ihrem Sohn Kokain angeboten, als er 17 war, stand in der *Sunday Times*.«
»Ich schäme mich zu sagen, dass das stimmt. Und es ist nicht cool. Aber es ist nicht aus der *Sunday Times*, sondern aus meinem Buch.«
»Sie haben Bob Dylan einen Korb gegeben, ebenfalls *Sunday Times*.«
»Ich werd nicht darüber reden, Bob ist ein Freund.« (Wie cool ist das?)
»In einer Schweizer Zeitschrift stand: ›Ich kann nur zwei Dinge gut: reiten und ficken.‹« (Echt, in – der *Weltwoche*.)
»Jesus Christus. Ich weiß nicht, ob ich es gesagt hab. Ich kann reiten, nicht so gut … ich hab viel getrunken früher … Aber ich mein, ich kann vieles gut: kochen, schauspielern, singen, auftreten, schreiben, erm, mich amüsieren.«

Oktober 2005

Was seither geschah

Als dieses Buch fertiggestellt wurde, erschien gerade wieder ein Album von ihr. Das ist auch deshalb bemerkenswert, weil sie in der Zwischenzeit ein paar Konzerte abbrechen und die eine oder andere Tour verschieben musste wegen ihres zeitweilig weniger guten Gesundheitszustandes. Und wie eigentlich immer, wenn ein Album von ihr erscheint, gefällt es den Kritikern und ihrem Publikum. Das hat vermutlich weniger damit zu tun, dass man Frauen über fünfzig nicht mehr kritisiert, sondern mehr damit, dass ihre Alben einfach stark sind und die Faithfull ihr Genre wirklich gefunden hat – nämlich das der *elder stateswoman of rock* oder so ähnlich. Und dass es daran und an ihr nicht viel zu kritisieren gibt.

Die Witzdichte

Zum neuen Jahr was Neues – einen Gesprächspartner, den unser Kolumnist toll findet: TV-Komiker Herbert Feuerstein.

»Treffen sich zwei Jäger – beide tot«: Herbert Feuerstein, 68, war 20 Jahre lang *Mad*-Chefredakteur.

»Muss ich einen Tee kochen oder so was?«
»Nicht für mich, aber haben Sie einen Aschenbecher? Sonst muss ich meinen Bleistift über dem Boden spitz machen.« (Ich bin in seiner Stadtwohnung in Köln.)
»Was ich mach in der *Weltwoche*, sieht so aus.«
»Das seh ich nicht, weil meine Brille …«
»Ein vertextetes Interview, oder wie man es nennen will.«
»Also keine Fragen, sondern nur Zitate? [Wie »keine Fragen«? Klar, und gute zum Teil, wo würden die Antworten herkommen sonst?] Jetzt versteh ich, das macht's natürlich viel einfacher.«
»Für wen?«
»Für Sie.«
»Das müssen Sie nicht sagen.«
»Na ja, doch, weil so was lässt sich schwer autorisieren, nicht?« (Der Erste, glaub ich, der's merkt, von bisher 174 Interviewten.)
»Ich schreib nur, was auf dem Band ist.«
»Gut, aber man möchte ja viel wieder vergessen, was man gesagt hat.«
»›Herbert Feuerstein kommt aus der Ecke des Unterschätzten‹ …«
»Ah, Sie fangen praktisch mit einer Beleidigung an.«
»Nein, das stand in der *Süddeutschen*.«
»Die *Süddeutsche*, was ist die schon? Sie sind ja die *Weltwoche* … Des Unterschätzten? Vielleicht von Frauen als Sexpartner, aber das ist blöd, wenn ich das sag, weil ich schon so alt bin. Ich denke grad nach, vielleicht wirk ich so. Würden Sie mich unterschätzen?«
»Im Gegenteil.«
»Aber ›im Gegenteil‹ ist auch 'ne Beleidigung, das wissen Sie?«
»Wie hätten Sie's denn gern?«
»Gar nicht.«
Von ihm hätt ich mich befragen lassen sollen für die Sonderausgabe der *Weltwoche* vor Weihnachten. (»Schrecklich, dieser TV-Moderator Kurt Aeschbacher ist doch ein kolossaler Langweiler, sein Interview mit Ihnen hätte man rauswerfen müssen. Soll ich Sie mal interviewen?«, schrieb, nebenbei, Klaus Stöhlker, ein Berater für Öffentlichkeitsarbeit.)
»Zu Ihrem 68. Geburtstag ließ Harald Schmidt ›Sex Machine‹ spielen in seiner Show.«
»Hab ich auch gehört.«
»Fanden Sie das lustig?«
»Ich fand's einfach richtig.«
»Richtig?«
»Ja, ich mein, was sonst?«

»Sie sind ein toller Interviewpartner.«

»Das sagen Sie jedem.«

»Die andern zerreden immer alles.«

»Man muss auf die sogenannte Witzdichte achten.«

»Tolles Wort, von Ihnen?«

»Nein, das hat der Haffmans gesagt, scheint irgendwie eine verlegerische Formel zu sein, so sieben Lacher pro Seite oder Pointen.«

»Ist eigentlich ein Titel, eine Überschrift.«

»Der Witzdichter?« (Bei mir gibt's auch eine Formel: Klammerdichte. »Van Huisseling zeichnet sich durch wachsenden Gebrauch von Klammern aus, in der letzten Ausgabe 31, 15 geöffnete und 16 geschlossene, wobei die einsame Klammer auf Zeile sechs erscheint«, schrieb ein Leser, ein Klammerzähler wohl.)

»In ›Schmidteinander‹ machte Schmidt Witze über Ihre Körpergröße, ja?« (Schmidt und er machten früher »Schmidteinander«, er ist 1,65 Meter groß.) »Ich hab das eher gesehen auf Kosten von Schmidts Körpergröße.« (1,94 Meter) »Da haben wir uns schon sehr lustig gemacht, dass jemand so groß ist.«

»Ich hab Bernie Ecclestone mal interviewt, der ist kleiner als Sie.«

»Das ärgert mich immer noch.«

»Aber er hält Witze über seine Größe aus, weil er eine Frau hat, die über 1,80 ist und 28 Jahre jünger.«

»Bei mir ist es Bescheidenheit, wenn ich will, richt ich mich auch auf 1,90 auf, aber ich brauch das nicht.«

»Die Hammerfrage an Frau Ecclestone wär: ›Was gefiel Ihnen als Erstes an dem 1,60 großen Milliardär?‹«

»›Dass ich ihn nicht sehen muss‹, würd ich antworten.«

»Ihre Frau ist ja auch größer als Sie, und 35 Jahre jünger, und blond.«

»Meine Frau ist so gut wie gleich groß, wir arbeiten ja im Millimeterbereich in meiner Größe, sie hat aber auf dem einzigen Foto von uns hohe Absätze an.«

»Was ist Ihr Trick?«

»Ich wär wahnsinnig gern mal mit einer Gleichaltrigen verheiratet, aber die finden mich infantil.«

Ich denk schon die ganze Zeit nach, woher eine Schlusspointe nehmen (weil die Witzdichte schon recht hoch war), dann sagt er was, was ich noch nie hörte von einem Gesprächspartner (nicht mal von Elizabeth Teissier): »Also wenn Sie mich jetzt so erlebt haben, kann ich mir vorstellen, dass der Wunsch, mich nackt zu sehen, groß ist, ja? Zeig ich Ihnen.« (Im Schlafzimmer gibt es ein Bild von ihm; er liegend, nackt, dahinter zwei Frauen mit Palmwedeln, wie in einem Römerfilm.) »Das war, als Sie Caligula spielten, ja?«

»Nein, es war das Plakat eines Politikers, ich ließ meinen Kopf reinmachen.«

Januar 2006

Wie es weiterging

From: Mark van Huisseling
To: Bergmann-Feuerstein
Sent: Wednesday, November 26 2008 4:38 PM
Subject: Re: Komisches
Lieber Herr F.,
ich hoffe, es geht Ihnen gut. Ich bin zurzeit in der glücklichen Lage, dass ein deutscher Verlag (Rogner & Bernhard) entschieden hat, einen Sammelband meiner Interviews mit sogenannten Stars und Berühmtheiten zu veröffentlichen. (Keine Angst, ich werde Sie nicht fragen, ob Sie gratis ein Vorwort schreiben möchten oder mir Geld leihen.) Unter den 53 ausgewählten Interviews ist auch das mit Ihnen geführte. Ich musste sie in diesen Tagen alle noch einmal lesen. Und deshalb schreibe ich Ihnen nun: Sie haben die lustigsten Antworten gegeben! Dafür danke ich Ihnen, Sie sind einer meiner Humorhelden.
Beste Grüße, Ihr
Mark van H.
PS: Am Fuß der Texte bringe ich sogenannte »Epiloge« unter der Überschrift »Was seither geschah«. Unter dem Interview mit Ihnen wird nichts stehen. Einerseits, weil ich nicht weiß, was seither geschah, andererseits, weil ich das mit den »Epilogen« ein wenig zufällig gestalten möchte.
Ich nehme an, das ist in Ihrem Sinne. Andernfalls bitte ich Sie, mich wissen zu lassen, was mit Ihnen seither geschehen ist.

From: Bergmann-Feuerstein
To: Mark van Huisseling
Sent: Dienstag, 2. Dezember 2008 16:27
Subject: Re: Aber klar doch
Lieber M. v. H.,
natürlich hätte ich viel lieber das Vorwort geschrieben und Ihnen Geld geliehen, aber Sie wollen ja nur das Abdruckrecht fürs Interview. Können Sie haben. Ich frage mich jedoch, was jemals aus Ihnen werden soll, wenn Sie so bescheiden sind.
Schicken Sie mir ein Belegexemplar. Auch wenn ich es nicht lese. Aber es gibt eine eigene Reihe in meinem Bücherregal für die Sachen, in denen ich vorkomme.
Weil ich so wichtig bin.
Liebe Grüße
HERBERT FEUERSTEIN

Die Hose

Endlich ein Interview mit einem Rapper. Doch die Zungenfertigkeit von The Game verdient nicht maximalen Respekt.

»Ah, Mann, du musst sechs Augen haben«: The Game, eigentlich Jayceon Taylor.

Ein großer und schlanker, dunkelhäutiger Mann tritt aus dem Aufzug in die Halle des Marriott in Zürich. Gegenüber stehen zwei große und starke dunkelhäutige Männer auf und gehen zu ihm. Einer fällt ihm zum Gruß so heftig um den Hals, dass er nicht mehr fest steht – und seine Hosen, die weit und tief sitzend sind, runterfallen. Der schlanke Mann ist Jayceon Taylor, 25, Bühnenname The Game, »Amerikas heißester neuer Rapper« (*Toronto Star*). Während eines Interviews mit *Vibe*, einer Musikzeitschrift, soll er mit Pistolen vor dem Reporter gefuchtelt haben. In Boxershorts und mit den Hosen um die Knöchel und umarmt von einem starken Mann, wirkt er aber irgendwie nicht wie ein »Gangsta, überlebensgroß« (*taz*).

»Wie sieht Ihr Tag aus in Los Angeles?« (Er ist aus Compton, einer harten Stadt südlich von Los Angeles, lebt jetzt aber in Beverly Hills, er hat nur noch Häuser in Compton.)

»Wenn ich zu Hause bin, verbringe ich unbedingt Zeit mit meinem Sohn. Was, wissen Sie, der beste Teil des Lebens ist. Ich kam zum Hip-Hop mit einem Ziel, und nur einem Ziel, und das war, die finanzielle Zukunft meiner Familie zu sichern.«

»Das haben Sie erreicht.« (Von seinem Album »The Documentary« wurden mehr als zwei Millionen Stück verkauft.)

»Schwach, wissen Sie, es hat erst angefangen. Als ich ein Kind war, wünschte ich mir vielleicht, Michael Jordan wär mein Vater. Oder Bill Gates. Weil es so schwer war, in der Gegend aufzuwachsen. Und jetzt, wo ich eine Chance hab, der zu sein, der meiner Familie ein Erbe hinterlässt, und die Person, zu der jeder aufschaut, will ich den Reichtum so weit wie möglich verbreiten.«

Er empfängt in einem gewöhnlichen Zimmer – was ist los, wenn Rapper sich vernünftig geben? (Sogar Sophie Ellis-Bextor, eine Popmusikerin, die ich mal befragte, hatte die Penthouse-Suite in diesem Hotel.) Er sitzt auf einem Stuhl wie jemand, der eingeschlafen ist: Schultern an der Rückenlehne runtergerutscht, Gesäß am Rand der Sitzfläche (die Hosen sind wieder oben wenigstens) – »ghetto fabulous« ist das nicht. (Er sei krank, sagte der Mann von der Plattenfirma, bevor ich in das Zimmer durfte.) Er redet undeutlich, und was er sagt, hat ihm ein Lehrer einmal bis in alle Einzelheiten erklärt, vermute ich. Die Stimmung eines Gesprächs bildet sich nicht – er kommt rüber wie ein Antwortenautomat. Das hab ich schon mal geschrieben, nach meinem Gespräch mit Heino. Ich möchte es abschwächen, denn es war, bevor ich The Game befragt hab. (Oder überarbeiten zumindest: Heino ist ein Antwortenautomat, aber ein elegant programmierter, mit klangvoller Stimme zudem.)

»In jedem Bericht über Sie kommt Ihre Vergangenheit hoch – haben Sie ein Problem damit?« Er soll Drogenhändler gewesen sein, einen Raub mit Schussverletzungen überlebt haben und danach veranlasst gewesen sein, sich zu bessern. (Sonst ist's eine schöne Geschichte, ähnlich wie die von Tyler Brûlé – der war zwar nicht Drogenhändler, aber angeblich Kriegsberichterstatter und nach einem Überfall Chefredakteur von *Wallpaper* und später Werber wurde.)

»Das machen Journalisten bei jedem, nicht nur bei mir. Ich für meinen Teil mach mir nicht viel aus

Medienleuten, ich lass mich nicht bedrängen. Sagt, was ihr wollt. Wenn es schlecht ist, beachte ich es nicht. Wenn es gut ist, lese und analysiere ich es.«

»Sie lesen Artikel über sich?«

»Immer, wenn ich einen sehe. Ich verfolge meine Laufbahn wie ein Journalist.« (Hat bisher noch nie einer, den ich gefragt habe, zugegeben, aber jeder tut es, denk ich.)

»Was ist das Wichtigste, das Sie gelernt haben, als Sie plötzlich berühmt waren?« (Ja, wieder diese Frage – ich find sie gut, echt.)

»Ähm, dass es nicht da ist für immer. Elton John, der kann singen für immer, bis er sechzig ist, Stevie Wonder, Michael Jackson … alle diese Sänger. Aber Rapper – die haben eine Lebenserwartung von zehn Jahren, mit Glück.« (Michael Jackson kann singen, bis er sechzig ist? Er liest wohl nur Artikel über sich.)

»Was ist das Wichtigste, das Sie gelernt haben auf der Straße?«

»Ah, Mann, du musst sechs Augen haben.« (Großer Satz – und bestimmt von ihm, nicht vom Lehrer.)

»Ist Rapstar der beste Beruf der Welt?«

»Nein, der schlechteste. Falls ich irgendetwas anderes tun könnte für gleich viel Geld – ich hätt gestern gekündigt.«

»Was würden Sie denn tun?«

»Ich weiß nicht, irgendwas.«

»Weshalb tragen Sie die Hosen viel zu weit?«

»Ich weiß nicht, Mann. Es ist, was es ist. Es gibt Länder, in denen jeder einen roten Punkt trägt auf der Stirn. Weshalb? Ich weiß nicht. Du musst einfach die Hosentaschen unter den Arschbacken tragen. Und dann gehst du los, Mann.«

Juli 2005

Was seither geschah

The Game macht immer noch Hip-Hop respektive Rapmusik, die aber nicht mehr so gefragt ist wie noch vor einigen Jahren. Er tourt ziemlich häufig, auch im Ausland, weil er einen Reisepass hat – was ja nicht bei jedem Rapper der Fall ist –, und sich mit dieser Musik mit Tonträgern nicht mehr besonders viel verdienen lässt (wegen häufiger, oft ungesetzlicher Gratis-Downloads). Die Geschichte von seiner Ghetto-Vergangenheit ist mittlerweile bekannt und verleiht ihm kein besonderes Gepräge mehr. Er gilt als talentierter und zuverlässiger Künstler seines Genres, doch inhaltlich hat er sich seit seinem Debütalbum nicht steigern können, meinen die Kritiker.

Das Maß

Ein Gespräch mit Jerry Hall, Mick Jaggers Ex, über Erektionsschwierigkeiten unter anderem.

»Wir sind jetzt sehr gute Freunde, wissen Sie«: Jerry Hall, Model, Mutter, Schauspielerin.

»Lassen Sie uns über Sex reden.«
(Sie sagt nichts darauf.)
»Ist doch kein schlechter Einstieg, oder?«
»Nein, das ist immer ein gutes Thema.«
»Warum sind Sie Botschafterin von Bayer Healthcare geworden? [Eine Pharmafirma aus Deutschland.] Ich stelle mir vor, dass Sie weder die Publicity noch das Geld wirklich brauchen.« (Mick Jagger musste ihr bei der Scheidung vor sechs Jahren umgerechnet elf Millionen Euro zahlen.)
»Richtig. Aber ich finde es erstaunlich, wie viele Menschen auf der Welt an ED leiden, 152 Millionen Menschen, glaube ich. [ED steht für »erectyle dysfunction«, Erektionsstörungen.] Traurigerweise werden wir zwar körperlich alt, aber geistig bleiben wir jung. Und wir wollen immer noch Romantik erleben.«
Dieser Satz war so etwas wie der Money-Shot. Die verantwortlichen Leute von Bayer haben nämlich ein Medikament gegen ED. Deshalb gibt es eine Pressekonferenz und einen Kongress der Europäischen Gesellschaft für Sexualmedizin in Wien. Und deshalb ist Frau Hall Botschafterin – sonst schreiben nur ein paar Medizinjournalisten in Fachzeitschriften darüber – und präsentierte den Report »Sex und die moderne Frau«, in dem ungefähr steht, dass die moderne Frau eigentlich recht gerne Sex hat, aber dass ungefähr die Hälfte der Männer über vierzig ED hat. (Meine Flüge nach Wien und zurück und das Hotel, nebenbei, zahlte Bayer auch.)
»ED ist wohl eines der letzten Tabus.« (Das kam von ihr, und sie hat wohl recht. Ich meine, es gibt zwar ziemlich viele letzte Tabus, aber weshalb sonst sagen hier alle immer nur »Iih Dii«?)
Im Hofburg-Kongresszentrum gibt es fünf Meter hohe Säle, Kronleuchter und Seidentapeten. Doch das Zimmer Radetzky 2, in dem wir sind, hat schon bessere Tage gesehen. Frau Hall trägt ein moosgrünes Kostüm, blickdichte Strümpfe und Schuhe mit niedrigen Absätzen, wie sie Frauen tragen, die zum Mittagessen zwei Gläser Weißwein trinken. (Sie trinkt jedoch kaum Alkohol, sagte sie zu einem Schreiber vom *Guardian*, ihr Motto ist »Alles mit Maß«. Eine Ausnahme sind ihre Haare, finde ich, sie sind zu lang, zu gewellt, einfach zu big für ihr Alter, irgendwie.)
»Ist das eigentlich ein Hinweis darauf, dass Sie schon Männer hatten, die unter ED leiden, weil Sie als Botschafterin für dieses Medikament dagegen auftreten?«
»Nein, nicht wirklich. Obwohl ich sicherlich Männer aus der Altersgruppe sehe, die davon betroffen ist. Aber die Chefs von Bayer wollten eine Frau als Sprecherin.« (Vorhin ging sie sich kurz frisch machen, ein Leibwächter vor ihr und einer hinter ihr. Die Toiletten befinden sich ungefähr 25 Meter weit weg.)
»Können Sie als Exfrau eines Mannes, der ja berühmt ist für seine Untreue, nicht auch etwas Gutes erkennen in Erektionsstörungen?«
»Sein Problem war definitiv das Gegenteil.«

»Eben.«

»Es hat nichts zu tun mit ihm. Wir sind jetzt sehr gute Freunde, wissen Sie. Er ist auch ein großartiger Vater.« (Sie haben vier Kinder, zwischen 22 und 9 Jahre alt. Und ich hätte die Frage noch einmal stellen können oder anders vielleicht. Aber das bringt auch nicht viel, denke ich. Frau Hall gehe auf Journalisten so wenig ein wie eine Herzogin auf Verkäuferinnen, schrieb eine Autorin im *Observer*.)

»Was ist wichtiger für eine Beziehung als Sex?«

»Ich denke, es hängt alles zusammen, Liebe, Sex, gute Kommunikation.«

»Bleiben Sie eigentlich zum Galadiner heute Abend, Frau Hall?«

»Nein.«

»Ich habe mich gefragt, was ein passendes Gesprächsthema während des Essens wäre für einen Sexualmediziner-Kongress …«

»Viele schlimme Witze wahrscheinlich. Ich liebe gute Witze über Sex.«

»Also: Was sagt der Macker zur Frau, wenn er Erektionsschwierigkeiten hat?«

»Was?«

»›Passiert dir das öfter?‹«

»Okay.«

»Was würden Sie zu dem Macker sagen?«

»Kommunikation und Spontaneität lösen alle diese Probleme, und das ist gute Kommunikation. Ich glaube, gute Kommunikation ist das beste Aphrodisiakum.«

Dezember 2006

Die Haselnuss

Heino ist der anständigste Prominente, den unser Kolumnist bisher getroffen hat. Ist Heino echt?

»Weil ich der Meinung bin, dass keiner über Heino lachen soll.«

»Weshalb haben Sie eigentlich solchen Erfolg?«

»Das Rezept, glaub ich, ist, dass ich mich nie habe verbiegen lassen. Dass ich immer das getan habe, was ich für richtig halte und auch konnte. Wenn Regisseure gekommen sind, die gesagt haben: ›Heino, mach doch mal dieses oder lach doch mal oder mach hier mal 'n Tanzschritt‹, dann hab ich das immer nicht gemacht. Dann hab ich gesagt: ›Es ist keine Notwendigkeit da, dass ich lache. Ansonsten muss das Fernsehen auf Heino verzichten.‹ Aber 's Fernsehen wollte auf Heino nicht verzichten.«

»Aber Sie sind doch ein humorvoller Mensch, so im Gespräch.« (Durch diesen Satz sieht er durch, meinte ich.)

»Ja, ich bin ja 'n Rheinländer. Aber ich hab noch nie auf der Bühne 'n Witz erzählt. Weil die Leute das nicht wollen. Ich geh auf die Bühne, um mein Repertoire darzubringen.«

»Und was ist Ihnen peinlich?«

»Es gibt so viele Sendungen, wo ich, äh, eingeladen werde, die ich aber nicht mache, weil ich der Meinung bin, dass keiner über Heino lachen soll. Die Sendungen sind so angelegt, dass die Interpreten belächelt werden.« (Ich bin auch der Meinung, nebenbei, dass keiner über Heino lachen soll, wenigstens in meiner Kolumne. Weil das vorhersagbar wäre nämlich.)

Herr Kramm – Heinz-Georg Kramm, so heißt er – war in Dornbirn, in der Stadthalle, wo er in einer Sendung des österreichischen Fernsehens auftrat. Als ich ankam (unverspätet), wartete er schon. Es ist unüblich, dass Prominente jemanden, der sie befragen will, nicht warten lassen, wenigstens eine halbe Stunde, um noch mal auf die Rangordnung hinzuweisen. Herr Kramm scheint das nicht zu brauchen. Er schien auch nicht bemüht, mir das Gefühl zu geben, Interviews schmerzten körperlich oder seelisch. (Wie Helmut Lang oder Lolita Morena.) Irgendwie scheint er gern zu antworten, wenn jemand fragt. (Fast so wie Willy DeVille oder Malcolm McLaren, die auch gern antworten – wenn niemand fragt.) Die Stimmung eines Gesprächs bildete sich aber doch nicht. Herr Kramm klingt wie ein Antwortenautomat mit klangvoller Stimme. Der Apfel seines rechten Auges steht vor (Überfunktion der Schilddrüse), fast bis an das dunkle Glas der Brille (»Heino« lässt er von Optiker Michael Schott in Kitzbühel auf die Bügel machen). Und die ordentliche Blondhaarfrisur ist ein Haarteil. (Ich hab lang nachgedacht, wieder mal, ob ich den Satz, der folgt, schreiben darf. Aber er gibt mein erstes Empfinden wieder, und dem trau ich, obwohl ich kein so spiritueller Mensch bin wie Angelika Taschen.) Irgendwie erweckt er den Eindruck eines durch Mutation entstandenen, vom ursprünglichen Typ abweichenden Menschen.

»Weshalb mag das Feuilleton das Volkslied nicht?«

»Es ist so, dass es Unkenntnis ist. Viele verwechseln Volkslieder mit Lederhosenromantik, mit Tuben, Posaunen, mit, ähm, was weiß ich alles. Aber viele vergessen, dass das Volkslied eher ein Stück unseres Kulturgutes ist. Das wissen die meisten jungen Menschen ja nicht.«

»Und dann singt Sarah Connor das Deutschlandlied …«

»Man kann sich ja schon mal vertun …« (»Brüh im Lichte dieses Glückes« statt »Blüh im Glanze dieses Glückes« sang sie vor einem Spiel der deutschen Fußballnationalmannschaft.)
»Mögen Sie Frau Connor?«
»Ähm, die ist eine hervorragende Künstlerin.«
»Interpretin.«
»Aber sie kann sich mit dem Deutschlandlied nicht identifizieren. Deshalb darf man auch nicht hergehen und eine Popsängerin so ein Lied singen lassen. Also das kann entweder ein Klassiker oder, öh, Heino kann das singen.«
»Heino singt auch ›Verflucht, Sacramento, Dolores‹ …«
»›Und alles ist wieder hin …‹«
»›Caramba, Caracho, ein Whiskey, Caramba, Caracho, ein Gin.‹ Was will er uns sagen damit?«
»Das ist ein alter Text. Wir nannten das damals die Stenzensprache. Und da wollten wir auch nichts dran ändern.«
»Es ist kraftvoll, aber es hinterlässt einen ratlos.«
»Aber ›Sie liebt mich, yeah, yeah, yeah‹ auch.«
»Was ist das Wichtigste, was Sie von Ihren Eltern gelernt haben?«
»Sich anständig zu benehmen. Ich bin in ärmlichen Verhältnissen groß geworden. Meine Mutter hat mir viel Menschlichkeit mitgegeben. Sie ist sehr früh gestorben.« (Der Vater starb 1941, Heino war drei.)
»Haben Sie, über alles, Glück gehabt im Leben?«
»Ja, ohne Glück hätt man das, glaub ich, gar nicht überstanden. Und ich hab eine sehr nette Frau. Leider hab ich die Hannelore 25 Jahre zu spät kennengelernt. Aber, wie so schön ich mal gesungen hab: ›Es ist nie zu spät für ein neues Leben.‹«

Juni 2005

Was seither geschah

Ein paar Monate nach diesem Gespräch gab Heino bekannt, er werde nicht mehr öffentlich auftreten. (Vermutlich hatte dieses Interview daran keine Schuld; vielmehr wollte er sich intensiver um seine herzkranke Frau Hannelore kümmern.) Und ein Jahr später begann er wieder aufzutreten, hauptsächlich bei Wohltätigkeitsveranstaltungen für kranke Kinder. Kurz bevor dieses Buch in Druck ging, gab er bekannt, dass er mit Hannelore in ein Heim für begleitetes Wohnen ziehe. Er fühle sich gesundheitlich zwar noch verhältnismäßig gut, habe aber entschieden, besser zu früh als zu spät diesen Schritt zu tun.

Der Ästhet

Wolfgang Joop hat in Geschmacksfragen das letzte Wort. Und vor allem, wenn es um Sex geht.

»Wenn diese mediokren Leute auch noch *horny* werden«: Wolfgang Joop, 60.

»Was macht einen Mann modisch zur Schießbudenfigur?«

»Wenn er Anweisungen anderer befolgt.«

»Sie selber würden vielleicht einmal zur Schießbudenfigur, haben Sie gesagt, und es nicht merken.«

»Ich hab gesagt: ›Es kann sein, dass ich's nicht merke, dass Dinge mir nicht mehr stehen.‹ Denn mir passen die Sachen immer, ohne Diäten zu machen, die ich vor 20 oder 30 Jahren getragen habe. Und da kann es schon etwas merkwürdig aussehen.«

»Eben.«

»Ich denke über den Mann nicht so wahnsinnig nach. Ich sehe diese seltsamen Phänomene, ähm, die ich schon vor, glaube ich, sechs Jahren im *Spiegel* beschrieben habe. Die nennt man heute die ›Metrosexuellen‹. Ich behauptete, dass die Gesellschaft sich homosexualisiert. Und das stimmt eigentlich irgendwo. Die Männer sind irritiert, weil sie sich nicht mehr wirklich fühlen. Und dann flieht man in Dekoration.«

Er sitzt im Salon der Villa Wunderkind am Heiligensee in Potsdam auf einem roten Sessel der »Eisbär«-Sitzgruppe von Royère. (*Architectural Digest* nennt die Villa Wunderkind »Schloss Joop«. Wunderkind ist der Name seiner neuen Firma, die Schneiderkunst herstellt. Die Modemarke Joop! verkaufte er vor Jahren.) Er trägt ein lila T-Shirt unter einer blauen Wolljacke, Jeans und einen dicken Brillanten am Ringfinger. Dann stellt er breit dar, wie er vor dem Interview mit dem Rad gestürzt sei. (»Ich bin froh, dass ich Ihnen noch die Hand geben kann.«) Liebenswert eigentlich, aber auch ein wenig weich. (Es sei ein Irrglaube, nebenbei erwähnt, schreibt Alexander Gorkow in *GQ*, dass Männer nicht jammern dürfen. Aber Männer, die ständig jammern, wären lieber Mädchen.) Neben seinen Füßen in grauen MBT-(Masai-Barfuß-Technologie-)Gesundheitsschuhen liegt ein Pomeranian (Deutscher Zwergspitz) auf einem Teppich von Eileen Gray. (Er heißt »Wolfi«.)

»Einmal haben Sie gesagt: ›Ich hab Falten nur, wo sie hingehören.‹«

»Das stimmt schon.«

»Sehr cool.«

»Sie sind auch ein gutes Beispiel dafür, übrigens.«

»Ich bin aber erst 39.«

»Da fängt's an. Da muss man sich damit abfinden, nicht mehr jung zu sein so langsam. Die schwerste Phase eigentlich, nee?«

»›Ich hörte Verzweiflungsschreie, wenn er Falten entdeckte, die gestern noch nicht da waren‹, schreibt Dieter Bohlen über Sie.«

»Das hat er erfunden, vielleicht sollte das witzig klingen. Außerdem wundert es mich. Dieter Bohlen ist ja nun fünfzig geworden, glaub ich, und seine Exfrau Naddel sagte, er hatte damit ein furchtbares Problem. Er möchte immer zwanzig sein. Und er fragte mich, um jetzt mal was wirklich Intimes zu sagen: ›Sag mal, ähm, ich hab mal 'ne Frage, ähm, so wie du aussiehst, ähm, kannst du mir nicht jemand sagen, wo ich mir diese Mimik wegmachen lassen kann?‹ Denn seine ist schon grob geschnitzt, nicht wahr? Und ich kann nur sagen, wenn ich mal ein Foto von mir sehe oder so, im Großen und Ganzen kann ich zufrieden sein. Ich meine, ich bin sechzig Jahre alt.« (Dann verlässt er das Zimmer, und als er zurückkommt, sagt er: »So, mein Knie blutet doch etwas.«)

»Man sollte Sie als Werbeträger gewinnen.«

»Ja, ich hab mich schon öfter angeboten, auch für Haarwuchsmittel.«

»Ehrlich?«

»Ja, ich brauch es ja eben nicht, deswegen könnt ich dafür Reklame machen. Oder hab ich nicht viele Haare?«

»Sie sind ein Haarwunder.«

»Das liegt daran, weil ich keine Haare auf der Brust habe.«

»Funktioniert denn etwa dieses Propecia?«

»Das wirkt insofern, wenn Sie es niemals absetzen. Hab ich gehört. Und es soll auf die Potenz wirken, was meiner Meinung nach ja eine Gnade ist bei vielen Männern, die ich ansehe. Aber nein, darauf werfen sie sich dann auch noch Viagra ein. Ich finde, das müsste eigentlich verboten werden, wenn ich die meisten Leute sehe, aus ästhetischen Gründen. Wenn diese mediokren Leute auch noch *horny* werden – das ist doch furchtbar, oder?«

»Ist Viagra für Sie ein Thema? Vom ästhetischen Standpunkt her bekämen Sie ja wohl eine Bewilligung, oder?«

»Na, wissen Sie, ich habe mich schon zweimal fortgepflanzt und die ganzen Konsequenzen beobachten können. Ich finde, Sex ist sicherlich hin und wieder eine Quelle der Lust, aber auch eine Quelle der Verantwortung irgendwo.«

»Ja, zumindest reproduzierender Sex.«

»Aber auch der andere. Sie wissen doch, was es bedeutet für einen Mann, wenn er sich sexuell einer Frau nähert: Dann fangen die Ansprüche auf der anderen Seite an. Und umgekehrt genauso. Man erwartet, wenigstens als Mann, dass diese andere Person glücklich ist, nicht wahr? Was für eine bodenlose Erwartung eigentlich.«

Januar 2005

Was seither geschah

Als er dieses Interview gab, stand Wolfgang Joop ziemlich am Anfang seiner zweiten beruflichen Laufbahn. Nachdem er die längste Zeit mittelpreisige Mode in hohen Stückzahlen (»Kaschmir für die Mittelklasse«, *Stern*) und vor längerer Zeit bereits die Marke Joop! verkauft hatte, gründete er 2003 die Firma Wunderkind, für die er nach seinen Angaben die teuersten Kleider Deutschlands in Kleinstauflagen herstellt. Er hat Erfolg damit, ist aber ein wenig von der ursprünglichen Idee, nur Couture, also Schneiderkunst, anzubieten, abgewichen. Seit er wieder viel arbeitet, tritt er etwas weniger oft in eigener Sache auf. Kurz bevor dieses Buch fertiggestellt wurde, ließ er immerhin auf einem Friedhof in Potsdam-Bornstedt die Sandsteinskulptur eines sitzenden Engels mit Penis aufstellen. Darüber regten sich einige Besucher auf. Worauf er sagte: »Jetzt hat der verschlafene Friedhof eine echte Attraktion.«

Der Verführte

Udo Jürgens gibt die vielleicht besten Antworten, die unser Kolumnist bisher hörte. Die Frage ist nur: Mit Absicht?

»Ich möcht nicht auf Marquard machen«: Udo Jürgens.

»Warum woll'n Sie im Haus fotografieren? Ich möcht mir 'nen Rest Privacy erhalten. Hier ist doch schönes Licht und alles, oder?« (Sagt er zum Fotografen, wir stehen auf der Terrasse.)

»Oder beim Auto, geht das auch?«

»Geht auch.«

»Aber wir wollen ja nicht das Bentley-Bild, oder?« (Sagt der Mann, der Öffentlichkeitsarbeit macht für ihn.)

»Es ist ja kein Geheimnis, dass ich 'nen Bentley habe. Ich möcht aber nicht diesen Angeber-Eindruck ... ich möcht nicht auf Marquard machen.«

»Das ist doch kein Angeber-Auto, das ist ein Classic Car.« (Sag ich, weil ich find, ich muss auch mal was sagen.)

»So, jetzt bin ich ganz Ohr.«

»Vielen Dank, dass Sie sich so rasch Zeit genommen haben.« (Ich hab angefragt vor drei Wochen, an Michelle Hunziker oder Verona Pooth arbeite ich seit drei Jahren beziehungsweise einem Jahr.)

»Ja, es geht immer gleich oder gar nicht.«

»Da fang ich besser an, ohne Aufwärmen.«

»Wunderbar.«

»Stört es Sie, wenn ich auch eine Sonnenbrille aufsetze?«

»Na, überhaupt nicht. Stört Sie meine?«

»Sind Sie immer noch ein Verführer?«

»Na, Verführer bin ich nie gewesen, immer eher der Verführte.« (Lügt die *Bild-Zeitung*? »Corinna, 45, und Udo, 71 – gibt es eine Versöhnung zwischen dem großen Verführer und seiner Frau?«)

»Ich bin, bezogen aufs andere Geschlecht, ein zurückhaltender Mensch. Ich habe nie eine Frau angebaggert, ›Hallo, was ist, können wir uns mal sehen?‹ gesagt. Das Signal musste immer von der andern Seite kommen.«

»Was deuten Sie als Signal?«

»Eine Aufforderung. Das sieht man an den Augen, einem Lächeln, an einem Nicken, was weiß ich.«

Bei ihm in Zumikon sieht es aus wie in einem Krimi im deutschen Fernsehen, wenn der Mord im Besserverdienermilieu passiert – schmiedeeisernes Tor, Rasen mit eingelassenen Platten aus Stein, rechteckiger Teich, vanillefarbene Wände, beige Spannteppiche, beige Sofas, Bücher, am Meter gekauft. Während des Gesprächs hat er auch diese Haltung des Tatverdächtigen im Krimi, ein Chefarzt oder Architekt, wenn der Kriminalbeamte ihm das Ergebnis der Ermittlungen bekannt gibt: »Ihre Frau hatte ein Verhältnis.«

»Das wusste ich.«

»Eifersüchtig? Das wäre ein Motiv ...«

»Ich bitte Sie, sparen Sie mir Ihre kleinen Moralvorstellungen.« (Hat er nicht gesagt, das war eine

Analogie, ja? Ich wünsche keinen neuen Ärger mit seinem Manager Alfred »Freddy« Burger. Hatte ich schon, als ich mal über ihn, Burger, schrieb.) Herr Jürgens ist ein großer Interviewpartner und sieht gut aus, find ich. Nicht »gut für 71«, sondern gut. (Er hat einen kleinen Bauch unter dem weißen Baumwollhemd, eigentlich den Ansatz eines Bauchs nur. Der ist neu, den gab es nicht, als ich ihn befragte vor drei Jahren.)

»Ich hab Ihren Leitsatz gelesen und find ihn toll: ›Dach offen [des Bentleys], Hemd offen, Gesinnung offen, Hose offen.‹ Stand in der *Zeit*, haben Sie's gesagt?« (Währenddessen fliegt ein Flieger über uns. Zumikon, ein Wohnort der Reichen von Zürich, hat Fluglärm – ist die Welt doch gerecht, irgendwie?)

»Ja, ja, haha, das hab ich selber formuliert. Weil ich die deutsche Sprache sehr liebe und es liebe, so griffige, freche Metaphern zu finden. Weil die auch für Lieder wichtig sind.« (Ich glaub, das ist die beste Ausrede, die ich bisher bekommen hab. Besser noch sogar als die von Roberto Blanco – »Manchmal ist es stärker als wir, es hat mit den Genen zu tun« – auf meine Frage: »Woran liegt es, dass manche Männer nicht treu sind?«)

»Was halten Sie von Treue?«

»Ist wunderbar, wem's gelingt. Ich habe mich mein Leben lang darum bemüht – und es ist oft nicht gelungen. Ich glaube, dass Treue überschätzt wird und nichts damit zu tun hat, ob man einen Menschen wirklich liebt. Das kann man zwar Frauen so nicht sagen.« Seine Antworten sind hart wie Roger Schawinskis Richtigstellung, wenn man schreibt, seine Haare seien gefärbt.

»Zu Ihrem siebzigsten Geburtstag stand in der *Schweizer Illustrierten*: ›Siebzig Jahr, kaum graues Haar‹, in der *Neuen Zürcher Zeitung*: ›Siebzig Jahr, braunes Haar‹ und im *Tages-Anzeiger*: ›Siebzig Jahr, dunkles Haar‹. Wie hätten Sie getitelt?«

»Weiß ich jetzt auch nicht.«

»Und für den nächsten Geburtstag?«

»Den achtzigsten?«

»Ja, oder den zweiundsiebzigsten.«

»Ich kann nicht zum Voraus was schreiben, weil dann erreich ich das Alter nicht und … wär ja furchtbar peinlich.«

Oktober 2005

Was seither geschah

An Weihnachten 2005, wenige Monate nach diesem Interview, ließ er sich von seiner zweiten Frau, Corinna, damals 46, scheiden. Später sagte er dann einem Journalisten, mit den Frauen habe es ja nicht so richtig geklappt und: »Das private Glück habe ich nie erreicht.« Und weiter: »Ich habe nicht die Frau, die zu Hause auf mich wartet und mir das gemütliche Heim bietet. Ich bin froh darüber. Ich wache morgens in meinem riesigen Bett auf, strecke meine Arme aus und denke mir: Mensch ist das herrlich, dass ich hier allein bin.« Auch beruflich geht es ihm immer noch gut: Ende 2007 veröffentlichte er ein weiteres Album, das von seinem Publikum erneut gekauft wurde und Kritikern gefiel. Einer schrieb in einer Schweizer Zeitung, der Sänger stehe im Zenit seiner Alterskarriere. Er meinte das sicher als Kompliment.

Der Jugendliche

Schorsch Kamerun, Musiker und Theaterregisseur, sagt, er sei noch immer Punk und links und anders, mit 43. Kann das lustig werden?

»Star sein bringt's einfach nicht«: Schorsch Kamerun, Sänger und Regisseur, 43.

»So heiße ich.« (Ich leg eine Karte auf den Tisch.)

»Ich weiß, ich hab mich doch informiert.«

»Der Herr von der Medienstelle des Schauspielhauses hat mir dieses Interview angeboten, das hat mich gefreut, ich krieg sonst nie Angebote nämlich.«

»Warum nicht?« (Hat er sich wirklich informiert?)

»Er schrieb: ›Es frisst an mir, dass unser Reservoir an außergewöhnlichen Stars und Persönlichkeiten von Ihnen noch nicht angezapft wurde.‹ Würden Sie sich zu den Stars oder den Persönlichkeiten zählen?«

»Sagen wir mal so: Jeder hat vielleicht das Bestreben nach außergewöhnlich, aber ich glaub, dass ich weder das eine noch das andere bin. Also Star schon gar nicht, wir waren das mit unserer Band mal eine Zeitlang, da hatten wir so einen Teenieband-Charakter, dann wollte die *Bravo* Homestorys, wir haben dann unsern Stil geändert, Star sein bringt's einfach nicht, das ist ungesund.«

Wir sind in der Künstlerwohnung im Schiffbau in Zürich. Er heißt richtig Thomas Sehl, trägt ein kariertes Hemd unter einem Salz-und-Pfeffer-Jackett, Nadelstreifenhosen zu Turnschuhen und um den Hals eine Kette aus großen Perlen. (Das meiste sieht man auf dem Foto, ich weiß, aber ich wollt's auch sagen, weil das alles ja eigentlich gar nicht zusammen geht, aber irgendwie sieht's recht gut aus an ihm.) Seine Haare sind ähnlich wie die von Michael Mittermeier, einem Komiker, fast so viel Volumen wie in Shampoo-Werbefilmen aus den achtziger Jahren also. (Vielleicht toupiert, vielleicht wachsen sie auch einfach so bei lustigen Männern aus Deutschland.) Er ist »der freundliche Punk aus Hamburg«, *Tages-Anzeiger* (seit fast 20 Jahren Sänger der Band Die Goldenen Zitronen), sowie »neuerdings zum smarten Poptheatraliker mutiert«, *Neue Zürcher Zeitung*.

»Die *Weltwoche* ist für Leser der *Woz*, für die Sie mal einen Soli-Abo-Aufruf gemacht haben, reaktionär, haben Sie dann kein Imageproblem?«

»Also ich hab die *Weltwoche* als zumindest geschmackvolles Blatt gesehen, politisch kann es sein, dass ich auf einer anderen Seite stehe.«

»Sehen Sie sich eigentlich noch als Punk?«

»Wenn's um Ideale geht, würd ich sagen, dass ich das schon mit Punk verbinde oder dass ich auf der Suche bin nach Anderssein.« (Klar, anders sein wollen immer alle im Interview.)

»Finden Sie es erstrebenswert, noch links zu sein?«

»Ich denke schon, dass man mit linken Idealen noch was anfangen kann.«

»Ist die Altersgrenze dafür nicht 40?« (Er ist 43.)

»Also das mit Punk können wir klären, Äußerlichkeiten bringen's nicht mehr. Aber das mit dem Linkssein ist noch ein gutes Stück weiterzuführen, denk ich.« (Aber nicht hier, es gibt ja neu in der *Weltwoche* noch eine weitere politische Kolumne, und der Schreiber der Medienkolumne versucht auch, politisch zu sein, und der Kollege auf der Seite gegenüber sowieso.)

»Als Linker hat man ein Problem mit dem guten Leben, nicht?«
»Darum geht's doch gar nicht.«
»Mit über vierzig schon, da möchte man ein schönes Haus, tolle Reisen … Sie etwa nicht?«
»Vielleicht möchte ja jeder ein schönes Haus und tolle Reisen, das hat nichts mit Alter zu tun.«
»Ein Zwanzigjähriger will kein Haus, und Luxusferien mit der Frau, die er nicht hat, stehen auch nicht ganz oben.«
»Was sind denn das für Werte?« (Hat Nina Hagen auch gefragt, nebenbei.)
»Man mag es einfach lieber bequemer, wenn man älter wird.«
»Mir geht's eigentlich nicht so, dass ich jetzt irgendwelche neue Bequemlichkeiten einfordere, ich hab Spaß dran, mit meiner Band rumzufahren und mit sechs Leuten in einem Raum zu übernachten, das kann einen sozial weiterbringen.«
»Bewundernswert.«
»Das find ich auch schon wieder merkwürdig, was gibt's daran zu bewundern? Ich fahr auch gern ans Meer und ess was Gutes und finde, dass die Kronenhalle schön ist und Ihre Uhr ganz hübsch.«
»Meine Rolex?« (Die hat Christoph Schlingensief auch gefallen, übrigens – diese Linken …)
»Sie sind ja Automechaniker von Beruf, haben Sie mal als Mechaniker gearbeitet?«
»Nur bis ich Arbeitslosengeld kassieren konnte.«
»Haben Sie ein Auto?«
»Ich hab ein Auto.«
»Was für eines?«
»Einen alten Mercedes.«
»Können Sie den reparieren?«
»Die gröberen Sachen, so Bremsen und so, würd ich schon hinkriegen, ich mach das auch ganz gern.«
»Da sind Sie wahrscheinlich der Einzige am Staatstheater.«
»Ich glaube, ich bin der Einzige, der nicht mal einen Hauptschulabschluss hat.«

Mai 2006

Das TV-Mädchen

Sarah Kuttner interviewt Popstars, für die sie sich nicht interessiert.
Sie macht also dasselbe wie unser Kolumnist, bloß im Fernsehen.

»Hab ich auch schon gehört, dass man mich gar nicht kennt in der Schweiz«: Sarah Kuttner.

»Ich mach eigentlich keine Interviews, sondern es sollen Gespräche sein.«

»Mhm, darf ich mit vollem Mund reden?« (Sie ist im Café Jolesch in Berlin und isst Schnitzel.)

»Kein Problem, so Sachen merkt man nicht im gedruckten Medium.« (Außer in meiner Kolumne, wo dann vor allem so Sachen stehen.)

»Als ich dein Management angerufen hab, hat ein Mann gesagt, er könne dich nicht wach kriegen vor zwölf.«

»Ja, ich mein, er kriegt mich wach, aber ich geh nicht ans Telefon.«

»Wie sieht dein Tag aus, wenn du arbeitest?«

»Ich stehe halb zwölf oder zwölf auf. Geh auf die Toilette, putz mir die Zähne, zieh mich an. Ich dusche fast nie morgens, weil ich immer abends bade. Dann fahr ich zur Arbeit, häng da 'n bisschen rum, dann gibt's 'ne Redaktionskonferenz. Dann bereit ich meinen Kram vor und bin ab 18 Uhr in der Maske, im Styling und mach dann Sendung. Danach geh ich was essen und geh schlafen.« (Und auf dem Titel der *Bunten* stand mal: »Haben TV-Mädchen mehr vom Leben?«)

Sie hat eine Show auf Viva, einem Musiksender. (In der Schweiz nicht zu sehen, hier gibt's ein Schweizer Programm.)

»Ja, hab ich auch schon gehört, dass man mich gar nicht kennt in der Schweiz.« (Als ich merkte, nebenbei, dass sie hier nicht berühmt ist, stand der Termin schon, und den Flug hatte ich auch gebucht.)

»Nena hat ein Interview mit dir abgesagt.«

»Ja, mhm.«

»Weshalb?«

»Ähm, unterm Strich hat sie sich nicht wohl gefühlt. Die hat 'n Teaser gesehen, in dem ich auf meine Sendung hingewiesen hab und dass jemand verhältnismäßig Altes zu Gast käme. Und sie meinte, auf so was lässt sie sich nicht ein.«

»Weil sie ist nicht alt, oder?«

»Genau. Und dann ist sie gegangen, eine Stunde vor der Sendung.«

»Ein Entscheid gegen dich.«

»Ich kann damit leben. Nena gilt ja nicht als der allersympathischste oder pflegeleichteste Mensch. Mir ist egal, ob die Leute mich mögen.«

»Ich find's ein Kompliment, wenn Nena absagt.«

»Ist mir wurst, wenn sie nicht den Arsch in der Hose hat zu kommen, soll sie's bleiben lassen.«

»Mein Interview mit Nena hat der Manager abgesagt, er ist Schweizer und kennt meine Kolumne.«

»Dann hätt ich's vielleicht vorher lesen sollen.«

»Nein, ich hab nur Probleme mit Schweizern, die sind empfindlich.« (Stimmt nicht ganz: Jürgen Teller, ein Fotograf aus Bayern, hat bekannt gemacht, er werde nicht mehr mit der *Weltwoche* arbeiten wegen meines Interviews. Ist mir auch wurst – er hat ja nur zwei Fotos gemacht in drei Jahren.)

»Je dümmer der Gast scheint, desto klüger wirkt der Gastgeber. That's show business.« (Großer Satz, nicht von mir, leider.)
»Heißt das so?«
»Muss schon sein, stand in der *Süddeutschen*.«
»Haha. Na, machen wir uns nichts vor, macht schon Sinn.«
»Interessierst du dich für deine Gäste?«
»Um ehrlich zu sein, gar nicht.«
»Ich mich auch nicht. Ich hab seit zehn Wochen keine Frau mehr in der Kolumne gehabt, das war der Grund, dich zu treffen.«
»Ist 'n starkes Argument. Mich interessieren Menschen nicht genug. Ich versteh nicht, wenn Leute sagen: Das Tolle an meinem Job ist, dass man Menschen kennenlernt. Ich möchte keine Menschen kennenlernen, ich kenn genug. Hab ich noch niemandem gesagt. Wär schön, wenn du keine Überschrift draus machst.«
»Warst du bei Harald Schmidt mal in der Sendung?«
»Vier Mal.«
»Dann bist du verantwortlich, dass er keine Gäste mehr hat.«
»Nein, ich wurde immer von denen eingeladen, obwohl ich nichts Neues hatte.«
»›Diese Viva-Girlies – ich kann sie nicht auseinanderhalten‹, hat er gesagt.«
»Ich glaube, dass es da Unterschiede gab.«
»Er meinte nicht dich?«
»Ich glaube tatsächlich nicht … Ist ja schwierig, das so zu sagen, ne? Die Viva-Girlies stehen für den für das Schlechte auf der Welt, auch für alle Veronas auf der Welt …«
»Welche ist deine Lieblingsplatte beim Sex?«
»Ich komm kaum noch dazu, Musik zu hören beim Sex, kaum noch dazu, Sex zu haben.«
»Echt?«
»Ähm, nee, ich hab keine Lieblingsplatte.«
»Welche ist die beste Platte, um eine 26-jährige Frau zu verführen?«
»Geht es um meine Person?«
»Egal.«
»Es gibt durchaus 26-Jährige, die sind mit 'ner Scooter-Platte zu kriegen. Und dann Mädchen, die unglaublich gern auf R'n'B vögeln. Ich glaube, man kriegt die …«
»Die man verdient?«
»Ja, ist wirklich so.«

Mai 2005

Was seither geschah

Zum Zeitpunkt dieses Interviews war sie ungefähr so bekannt wie eine andere junge Fernsehmoderatorin mit Namen Charlotte Roche. Ein Buch geschrieben, das heißt einen Sammelband von bereits veröffentlichten Kolumnen, hat sie auch. Aber während Roche, die ich nicht interviewte, weil der Kontakt zu Kuttner damals rascher hergestellt werden konnte, mit ihrem Buch wochenlang auf Platz eins der Bestsellerlisten stand, verkauften sich meine Interviewpartnerin und ihr Buch nicht so gut. Im Sommer 2008 hatte Kuttner eine Sendung in drei Teilen bei der ARD (ihre Show auf MTV, einem Musiksender, war circa zwei Jahre vorher abgesetzt worden), am Sonntagabend um 23.30 Uhr. Über eine Fortsetzung im Jahr 2009 werde verhandelt, hieß es damals.

Die Last

Es gibt gute Gründe, dass Hans »James« Last Bandleader wurde und nicht Sänger.

»Man muss die guten Töne behalten«: James Last, 77.

»Sie sind ja ein Popstar; Pop im Wortsinn, populär, oder?«

»Ja, also ...«

»Doch [hundert Millionen verkaufte Tonträger]. Und wenn man sich andere Popstars ansieht, Robbie Williams zum Beispiel, fragt man sich: Wie wird so einer alt? Bei Ihnen aber frage ich mich: War der mal jung, wie war der früher?«

»Eigentlich, glaube ich, genauso wie heute auch.«

»Sie haben auch eigentlich immer dasselbe gespielt, nicht?«

»Nein, ganz sicher nicht. Die Zeit geht ja weiter, verändert sich. Wir alle gehen mit der Zeit. Und gute alte *Jazzer* [›Jatzer‹], Louis Armstrong, B. B. King und so, die spielten auch immer. Wurden zwar älter, aber nicht schlechter.«

Wir sind in der Bar des Atlantic in Hamburg, er hat eine Wohnung in der Stadt. (Und ein Haus in Florida, auf einem Golfplatz.) Zuvor waren wir mittagessen. (Ich kam zu früh an im Hotel, sah ihn in der Halle, stellte mich vor, und er fragte, ob ich mitkäme.) Als wir ins Restaurant kamen – seine Ehefrau, sein Manager und eine Frau vom Verlag, in dem seine Biografie gerade rauskam, waren auch dabei –, begrüßte ihn niemand vom Personal. Wir gingen zu dem Tisch, der für ihn reserviert war, und standen rum, bis der Maître d' rüberkam. (Wozu ist man denn »einer der wenigen deutschen Weltstars« [*Bild*]?) Dann redete sein Manager die ganze Zeit von seinem Cholesterin und von dem seiner Frau auch noch. (Vielleicht, weil sonst der »erfolgreichste Bandleader aller Zeiten«, noch mal *Bild*, was weniger Interessantes erzählen würde?) Der Manager, ein ehemaliger Arzt, empfahl das Lunch-Menü – drei Gänge, Zanderfilet, 29 Euro; »Ganz in Ordnung, der Preis«, sagte Herr Last zu seiner Frau –, und alle bestellten es. (Ich nahm das Clubsandwich.) »Wenn Sie zurückblicken, ist das Musikerleben das Beste, was einem passieren kann im Leben, oder ist es sehr stressig?«

»Stressig? Überhaupt nicht, wenn man seinen Horizont erkennt, sein Können oder weniger großes Können ... Man muss das Gute erkennen und behalten. Es gibt Musiker, die sagen: ›Hast du gehört, wie schlecht der gespielt hat?‹ Das ist falsch, man muss die guten Töne behalten.«

Es ist auch gut, dass er nicht Sänger wurde, finde ich. Man versteht ihn fast so schlecht wie Udo Lindenberg. Aber irgendwie kommen seine Sätze an bei mir. (Und er mag es noch immer, interviewt zu werden. Schon dafür verdient er freundliche Geneigtheit.)

»Wolfgang Petry, der Schlagersänger, hat gesagt: ›Es ist grausam, ein Star zu sein, ich hör auf.‹ Und der ist erst sechzig.«

»Ist er denn ein Star?«

»Ich glaube, er hat sieben Millionen Platten verkauft in 30 Jahren.«

»Aber ein Star, das ist ja was anderes. Er ist auf Mallorca [›Mahlorca‹] am Strand.«

»War es nie grausam für Sie, ein Star zu sein? Herr Petry sagte, er musste um drei Uhr morgens immer noch den Hoteldirektor begrüßen, obwohl er dann eigentlich nur seine Ruhe haben wollte.«

»Ich kenne so was nicht. Zu mir kann jeder kommen, wann er will.«
»In Ihrem Buch steht ja, Sie mögen es, wenn Leute Sie erkennen.«
»Ja, ich bin einer zum Anfassen.«
»In Ihrem Buch steht auch, dass Sie Affären hatten, tranken, Ihr Vermögen verloren. Weshalb diese Enthüllungen?«
»Das sind keine Enthüllungen, es ist mein Leben.«
»Aber weshalb erzählen Sie es jetzt?«
»Es ist alles so gewesen. Ich habe gesagt, wenn ich etwas schreibe, dann was Ehrliches.«
»In der *FAZ* stand: ›Erfolgreichster Star der Musikgeschichte? Kaum zu glauben, aber: James Last.‹ Dieser Unterton, der immer da ist Ihnen gegenüber von den Gescheiten, tut das weh?«
»Nein, weil ich ein reines Gewissen habe. Ich habe alle anderen gehört und gesagt: Du musst was anderes machen. Ich habe zum Beispiel das ›Wiener Praterleben‹, das ja der Sportpalast-Walzer war, als Polka gemacht. Aber aus Spaß, nie für einen kommerziellen Zweck.« (Eigentlich wieder keine Antwort, ich weiß. Aber nur jemand mit kleinherzigem Wesen hakt nach, wenn ein 77-Jähriger sagt: »Ich habe ein reines Gewissen.«)
»Lesen Sie in Ihrer Freizeit?«
»Wenig.«
»Das beste Buch, das Sie gelesen haben dieses Jahr?«
»Der Da Vinci Code.«
»Ihr Vater hat ja auch Musik gemacht. Was ist das Wichtigste, was Sie von ihm gelernt haben?«
»Spaß zu haben, auch wenn es Schlaf kostet.« (Sein Vater war Gasableser in Bremen; spielte nachts in Kneipen, für vier Mark.)
»Sie waren FKK-Freund.«
»Ja.«
»Geht das überhaupt, wenn man berühmt ist, kommen da nicht alle am Strand mal vorbei, weil sie James Last nackt sehen wollen?«
»Das habe ich nie so empfunden. Und Nacktbaden ist schön.«

Oktober 2006

Der Finger

Schauspieler-Interviews sind öde wie Filme aus dem Iran. Immerhin: Unser Kolumnist hat von Juliette Lewis einen guten Satz erkämpft.

»Mein Auge ist nicht auf Zack«: Schauspielerin und Musikerin Lewis.

»Sind Sie als Schauspielerin reich geworden, haben Sie ›Fuck you money‹, wie Bob Evans das nennt?«

»Ah, eine geschäftliche Frage … Nein, viel Geld hab ich nicht. Das ist nur ein Klischee. Wenn die Leute ›Schauspielerin‹ hören, kommen diese Stereotype … Eines davon ist, einen Haufen Geld zu haben. Die denken, ich habe einen Wagen mit Fahrer. Aber wir haben nicht mal unseren eigenen Toningenieur.«

»Müssen Sie leben können von Ihrer Musik?«

»Wir sind eine neue Band. Es kostet eine enorme Summe, durch ganz Europa zu touren. Die gute Nachricht ist, das ist unsere erste Tour, die für sich selbst bezahlt. Weil wir auf Festivals spielen und T-Shirts verkaufen. Normalerweise macht man Schulden, wenn man eine neue Karriere, ein Geschäft oder etwas anfängt.«

»Dann sind Sie also mit kleinem Budget unterwegs?«

»Ja, for real, im Ernst.«

Üblicherweise treff ich bekannte Menschen in Hotelzimmern oder Hotelhallen. (Oder im Haute, einem Clubrestaurant in Zürich, wo ich Gratismitglied bin.) Es ist selten, dass sie mich nach Hause einladen. Ich versteh das – ein solcher Augenschein ist, wie eine Tierart in ihrem Habitat beobachten zu können. (Zu Lolita Morena durfte ich. Sie trug einen Trainingsanzug, es gab überall Staub im Haus, und ihr Sohn spielte Videospiele am späten Vormittag, im Trainingsanzug.) Das Interview mit Frau Lewis fühlt sich an, als würde sie bei sich empfangen, in ihrem Wohnwagen. (Ihre Garderobe, in einem Wohnwagen, steht hinter der Bühne der Freiluftveranstaltung in Gampel, wo sie auftrat.) Sie hat das Handtuch vom Kopf genommen, das ihr feuchtes, gefärbtes Blondhaar verdeckte. Ihre weißen Stiefel aus Kunstleder, die sie über schwarzen Leggings trägt, sind schmutzig. Wenn ich was frage, steckt sie einen Finger in den Mund – manchmal. Tönt anziehend und reizvoll, ich weiß, wegen der Szene aus »Cape Fear«, in der sie Robert De Niros Finger lutschte. Aber hier bohrt sie damit zwischen den Zähnen rum und rollt die Augen dazu. (Und ihr Sprachgebrauch ist das weibliche Gegenstück zu DJ Bobos Ausdrucksform – ein Erwachsener, der redet, wie er sich vorstellt, dass 17-Jährige reden.)

»Wie reagieren Schauspieler darauf, dass Sie jetzt Musik machen?«

»In dem Film, an dem ich grad arbeitete, war ich zusammen mit Jennifer Garner. Sie ist süß, sie war so, ähm, eine Stütze und begeistert und wollte eine CD.« (Gutes Namedropping, fast wie Michel Comte, ein Fotograf.)

»Sind andere Schauspielerinnen vielleicht froh darüber, dass eine weniger da ist, die ihnen Rollen wegnimmt?«

»Nicht richtig, die Gruppe ist nicht so klein. Und Künstler unterstützen deine anderen Anstrengungen.«

»Und Musiker, wie sprechen die an auf Sie?«

»Ich sag: ›Kommt ins Konzert, es wird eure Fragen beantworten.‹ Und wenn sie kommen, stehen sie auf die Musik und den Einsatz der Band.«

»Du hast Juliette Lewis getroffen – wie war sie denn?«, fragte einer nach dem Interview. »Wie ›Wie war sie denn?‹? Sie ist eine Schauspielerin.« Und Antworten von Schauspielern sind arm an Unerwartetem wie Filme von Arthur Cohn. (Dieser Vergleich war auch arm an Unerwartetem, deshalb noch einer: arm an Unerwartetem wie Drehbücher von Charles »Fascht e Familie« Lewinsky.) Weil Schauspieler on the record nur wohlgemeinte, nicht bedenkliche Sätze sagen, die ihnen ein Lehrer bis in alle Einzelheiten erklärt hat. (Das hat mir eine Schauspielerin erzählt, off the record. Die ist nicht berühmt genug, leider, darum gebe ich das Gespräch nicht wieder. Denn diese Spalte ist eine Berühmtheiten-Kolumne, keine Einkaufs-Kolumne, trotz des Kolumnennamens »Kaufzwang«. Den dachte sich mein ehemaliger Chef aus, wegen der Anzeigenkunden; später hieß die Kolumne dann »MvH«, das sind meine Initialen.)

»Wo lernt man besser Männer kennen, auf dem Filmset oder backstage?«

»Haha, ich weiß nicht. Auf einem Filmset suche ich keine heißen Kerle. Ich war nur mit einem Schauspieler zusammen.« (Brad Pitt, circa 1992, für alle, die sich nicht für People interessierten vor *Gala*.) »Mein Auge ist nicht auf Zack, ich hab eine Mission. Ich mein, ich weiß Attraktivität schon zu schätzen ... Ich bin angezogen von Arbeitertypen.«

»Handlangern?«

»Ja, oder Kerlen vom Sicherheitsdienst. Ich mag Männer, die stark scheinen, nicht kleine Typen.«

»Wie kann so einer eine Hollywood-Schauspielerin ansprechen?«

»Keine Ahnung, ich bin überhaupt nicht die Hollywood-Schauspielerin.«

»Das sagen alle.«

»Ist das der Kontaktsuche-für-Singles-Abschnitt des Interviews?« (Bester Satz – der einzige von ihr, nicht vom Lehrer.)

»Der Abschnitt, der alle interessiert.«

»Ich hoff nicht – dieses Beziehungsding ist doch so überbewertet.«

August 2005

Der Nuschelrocker

Udo Lindenberg ist einer der besten Interviewpartner, die unser Kolumnist je hatte. Schade, dass man ihn kaum versteht.

»Du reitest?« Udo Lindenberg, 59.

»Zum ersten Mal hier?« (Eigentlich nehm ich sonst die Einstiegsfrage für mich in Anspruch.)
»Noch nie da gewesen.« (In Stralsund an der Ostsee, wo er später auftreten wird.)
»Ist ganz gut, nicht?«
»Ich schau es mir morgen an, ich mach ein Fährtchen.«
»Du reitest?«
»Fährtchen – eine kleine Fahrt, nicht Pferdchen.«
»Ah so, ja, ja – Fehrdchen.« (Er redet selber undeutlich, wendet das Gesicht ab beim Sprechen und sieht an mir vorbei, außer beim »Hutwackeln« – auf einmal bewegt sich der schwarze Filzhut, ohne dass er den Kopf bewegt, die Muskeln anspannt oder so etwas. Wie wenn ein Kissen drunter wäre, das er aufblasen kann mit einer unsichtbaren Pumpe. Danach sieht er mich an, vermute ich. Er hat eine dunkle Brille auf.)
»Im *Spiegel* stand, 14.30 Uhr sei für dich früher Morgen – weshalb hatten wir eine Verabredung um 13 Uhr?«
»Ja, also, schlecht informiert oder, äh, die wollen keine genaue Information. Ich nehm das nicht ernst.« (Ich bemüh mich um Originaltöne, aber ich muss Zugeständnisse machen, sonst würde hier stehen: »Der *Spiegel*, äh … wollen keine genaue Information seit Jahren … [Nuscheln] Die hatten mal … [Nuscheln] Nehm nicht so ernst … ja?«) Der *Spiegel*, nebenbei, hatte nicht so ungenaue Informationen – es war 18.30 Uhr, als er in die Halle des Steigenberger Baltic trat. Er rutscht rum auf seinem Stuhl, als bereite ihm das Sitzen Schmerzen. (Wundsitzen, gibt es das bei Menschen, die einen VW Phaeton haben mit Fahrer und nicht Rad fahren?) Aber er ist nett irgendwie. Und ein Traum-Interviewpartner. Ich mein, diese Schau macht er nur für mich. (Oder ist er so etwa?)
»Du genehmigst dir grad eine Lebenskrise, hab ich gelesen.«
»Haha. Das war früher.«
»Wie genehmigt man sich eine Lebenskrise?«
»Also nach einer Auszeit, ich hab mich entzogen, weißt du? Du kommst in die Fuffziger, aber nicht in die falschen, sondern in die frischen Fuffziger. Und dann stellst du dich auf die Bühne und merkst: Ey, ist ja gar nicht schlecht. Ich such neue Themen, neue Kicks. Doch diese Erkenntnisse haben mich irgendwie runtergebracht. Ich bin vier Jahre nicht aufgetreten. Und jetzt steh ich dort, in meiner Erhabenheit, einer Art Zeitlosigkeit auch. Für mich steht Alter für Meisterschaft, nicht für Abbau, ja?«
Die Antworten sind mehr gefühlt als gehört – ich versteh ihn schlecht. Er spricht gewollt undeutlich, bin ich sicher. (Ich mein, in jedem Porträt steht, dass er einen Kloß im Mund hat – das ist bestimmt Pose. Meine Gegenwehr ist Nicken und »Ja, seh ich genauso« und »Also, hm, glaub ich nicht« zu sagen und Kopfschütteln, alle 30 Sekunden wechselnd. Ich vermute, so breche ich seine Widerstandskraft. Interviews sind Kämpfe manchmal, und ein Krieger sagt nicht: »Wie bitte, kannst du das wiederholen?«)

An einem Tisch in meinem Rücken sitzen drei Männer, zurechtgemacht wie er: Hut, Brille, dünnes Langhaar, schwarzes Hemd, enge Hose, Stiefeletten mit dicken Sohlen. (»Lass mal, die tun nichts, sind bloß Doppelgänger-Fans, die ihm nachreisen«, sagt der Tourmanager.) An einem Tisch daneben sitzt ein großer, schwerer Mann, der wohl auch stark ist. Er trägt einen schwarzen Mantel, hat einen kahlen Kopf und eine Sonnenbrille auf. (In einer Zeitschrift war ein Artikel über einen Eddy Kante, Udos Leibwächter seit Jahren. Zu gut, die Figur – erfunden bestimmt, meinte ich.)

»Sind Sie Eddy Kante? Ich dachte, Sie sind eine Zeitungsente.«

»Sie können mich ja mal kneifen ...« (Ich sollt ihn interviewen – er spricht deutlich wie die Stimme auf der CD eines Deutschkurses. Und ein bisschen berühmt sei er auch, stand im Text.)

»Im Alter hast du deine bisexuelle Seite entdeckt, steht in deiner Autobiografie.«

»Nee, schon früher.«

»Hat das nichts mit Älterwerden zu tun dann?«

»Nein, nein. Das war früher. Ich hab da so 'n bisschen Neugier zugelassen, so Thomas-Mann-Tod-in-Venedig-mäßig.«

»Und, war's gut?«

»Ja, macht Spaß. Also ich hab ja keine sexuelle Praxis, leider, sag ich mal. Das war mehr so 'ne Vision.«

»Nicht ausgelebt?«

»Ja.«

»Was war das Verrückteste, was du je gemacht hast?«

»Ich fand das gar nicht verrückt.«

»Was denn?«

»Der Marlene Dietrich das Treppenhaus vollgeballert mit Blumen. Und Loopings geflogen in Libyen und den Flieger gelandet in der Wüste.«

»Trinkst du noch?«

»Ja, Tee, aber keinen Alkohol. Ich hab mich anderen Mitteln zugewendet ...«

»Bepanthen?« (Auf dem Tisch gibt es eine Tube, er streicht sich davon auf die Fingerkuppen.)

»Haha. Ich hab ein wenig raue Haut.«

August 2005

Was seither geschah

»Ich bin vier Jahre nicht aufgetreten. Und jetzt steh ich dort, in meiner Erhabenheit, einer Art Zeitlosigkeit auch«, sagte er in diesem Interview über das, was andere als seine Lebenskrise bezeichneten. Und jetzt, nachdem 2007 sein seit vielen Jahren erstes Album mit neuen Songs erschienen ist, muss man sagen, diese Zeile mit dem Wort Erhabenheit war weniger eine Überbewertung der eigenen Wichtigkeit als die ziemlich genaue Vorwegnahme der Publikums- und Kritikerreaktionen auf neues Material vom ihm. (Von seinem Album »Stark wie zwei« wurden über 300 000 Stück verkauft. Er sagte dazu in einem Interview: »Früher war ich ein Mann von gestern. Aber jetzt habe ich alle überrascht – mich auch!«) Und im Sommer vergangenen Jahres schließlich ließ er sich zum ersten Mal mit seiner Freundin Tine Acke, 31, im Arm fotografieren. Sie sagte: »Ich bin immer an Udos Seite, egal wohin er unterwegs ist. Und das schon seit zehn Jahren.« Nur eines komme für sie nicht in Frage: mit ihm zusammenzuziehen. »Ich brauche meine eigenen vier Wände.« In diesem Zusammenhang: Die Holzkiste hinter der Rezeption des Hamburger Hotels Atlantic, in dem Lindenberg seit Jahren als Dauergast in einer Suite im obersten Stock wohnt, diese Holzkiste, in der angeblich seine Post gelagert wird, bis sie ihm übergeben werden kann, gibt es nicht.

Die Älplermagrone*

Mahara McKay, gewesene Schönheitskönigin, isst und isst – und nimmt trotzdem nicht zu. Sie vermutet, das Leben sei ungerecht.

»Mein Geheimnis? Gut umrühren«: Mahara McKay, Model und Discjockey.

* Traditionelles Schweizer Gericht, meist Nudeln mit Käse, Rahm und Speck als Eintopf serviert.

Wer etwas über das Verhalten mittelalterlicher Männer in der Balz lernen möchte, kann Bücher von Tom Wolfe, Josephine Hart oder Vladimir Nabokov lesen. Oder er kann sich mit einer sehr schönen, sehr jungen Frau in einem Lokal treffen, in dem mittelalterliche Männer verkehren. Weil ich *Fegefeuer der Eitelkeiten*, *Verhängnis* und *Lolita* bereits gelesen habe, wählte ich Plan B: Ich verabredete mich mit Mahara McKay, 21 und Miss Schweiz des Jahres 2000, im Zürcher Restaurant Kreis 6 zum Tête-à-Tête. An den guten Tischen saßen mittelalterliche Anlageberater, Werber und Immobilienhändler mit dicken Uhren und dünnen Haaren. Von dem Tisch in der entlegenen Ecke, den man mir zugewiesen hatte, konnte ich unmöglich erkennen, wann mein Rendezvous das Lokal betreten würde. Aber das war natürlich gar nicht nötig, denn Männer in der Balz dienen als perfektes Frühwarnsystem: Plötzlich rissen ihre Gespräche ab. Schultern wurden zurückgeworfen, Bäuche eingezogen und Köpfe in Richtung Garderobe gedreht – wodurch sich mir eine prima Sicht auf eine Reihe gelichteter Hinterköpfe bot. Fünfzig weit aufgerissene Augenpaare wanderten mit der Schönheitskönigin durch den Raum, erreichten schließlich das Tischchen, wo ich mich erhoben hatte, und funkelten mich neidisch an: »Was hat er, was ich nicht habe?«

Mahara bestellte eine Gemüsecremesuppe, dann Kalbsvoressen mit Kartoffelstock (Kalbsgulasch mit Kartoffelpüree).

»Ich liebe Fleisch«, sagt sie – vielstimmiges Raunen an den Nebentischen. Zur Suppe verdrückte sie ein Bürli (Brötchen) und zum Pfefferminztee (mit Zucker), den sie nach dem Voressen nahm, aß sie sämtliche auf einem Tellerchen gereichten Guetsli (Kekse). Ohne Süßigkeiten könne sie nicht leben, sagt das Profi-Model. Während des Jahres, in dem sie Miss Schweiz war, habe sie heimlich Schokoriegel in sich hineingestopft – denn »viele Mädchen empfinden es als ungerecht, dass ich so viel Süßes essen kann, ohne zuzunehmen«.

»Das Leben«, sage ich so laut, dass man mich an den Nebentischen hören kann, »ist nun mal nicht gerecht – je früher man das erkennt, desto besser.« Fünfundzwanzig mittelalterliche Herren machen böse Gesichter und überlegen: »Wie kann ich ihm Schmerzen zufügen?«

Ich frage sie nach ihren Lieblingsrestaurants. Sie sagt, sie koche gerne. Ihre Spezialität: Älplermagronen (eine Art Spätzle). Mit Doppelrahm und viel Käse.

»Mein Geheimnis: gut umrühren. Wie bei einem Risotto.« Dann erzählt sie von einem Italiener in Lörrach, den sie toll finde. Und vom schönsten Restaurant der Welt – in Lipari auf den Äolischen Inseln. Klingt vielversprechend, denke ich und frage nach Namen, Adressen. Sie lächelt mich schweigend an. Ich frage nach Hotels. Sie beschreibt eines in Düsseldorf. Eines auf Ko Lanta. Und eines auf einer Insel vor Malaysia. Namen, Adressen? Sie lächelt und schweigt. Gekrönte Häupter und schöne Frauen können sich nie an Namen und Adressen erinnern. Müssen sie auch nicht – sie werden erst hingefahren und dann eingeladen.

Nebenbei arbeitet sie als Discjockey; ihre CD »Moana«, eine Zusammenstellung von Chill-out-Tracks, verkaufte sich 4000-mal. Ich frage, in welchen Clubs sie auflege. Sie sagt, sie lege selten in Clubs auf, »weil die mich nicht bezahlen können«. Wie hoch ist denn die Gage? Gleich hoch wie seinerzeit die als Miss Schweiz: zweieinhalb Stunden Schönheitsköniginnenpräsenz – 1700 Euro. Wer so viel bezahle, will ich wissen, denn, mit Respekt, sie ist noch nicht Paul Oakenfold, DJ Hell oder ein vergleichbarer Star, der die Tanzenden am kleinen Finger hat. Großfirmen, sagt sie kühl. Neulich sei sie von Porsche für einen Kundenanlass gebucht worden. Sie würde auch gerne im Kaufleuten auflegen und in der Labor-Bar.

»Ich schlage vor«, sage ich sehr laut, »dass wir jetzt für die Fotosession zu mir gehen.« Die Herren an den Nebentischen beginnen zu röcheln, sie wünschen, dass ich von einem Bus überfahren werde. Plötzlich piepst ihr Telefon: »Hallo, Schatz«, ruft sie, »ich gebe gerade ein Interview. Dann macht der Fotograf ein Bild – und in einer halben Stunde bin ich bei dir!«

Januar 2003

Was seither geschah

Sie bekommt noch immer den einen oder anderen Modeljob und den einen oder anderen Gig als DJane, wie weibliche Discjockeys genannt werden. Als DJane, wenn es denn um die Musik geht, hat sie es nicht geschafft, muss man sagen. Wenn sie gebucht wird, dann ist das mehr wegen des Looks als wegen des Sounds. Ähnlich wie René Weller zeigt sie, wie lang das Arbeitsleben eines Prominenten der, sagen wir, C-Liste dauert. Ob sie noch immer so viel isst, ist nicht bekannt. Dass sie ein klein wenig zugenommen hat, kann man sehen.

Der Kater

Malcolm McLaren erfand den Punkrock, war verheiratet mit Vivienne Westwood und redet auch mit Hangover wie ein Butler in amerikanischen Filmen.

»Souh they ohl ahr maih tschüldrehn sommhauh …«: Malcolm McLaren.

Er starrt hinter dem Tisch in der Nische hervor, als trüge ich eine Mohawk-Frisur, richtete eine AK-47 auf ihn und schrie: »Eine Stimme in meinem Kopf befiehlt mir, alle Männer, die rosa Hemden tragen und Perrier mit Grenadine trinken, zu töten. Adieu …« (Was ich stattdessen gesagt habe: »Herr McLaren, guten Nachmittag, ich bin Ihr Interviewer.«) Ich trete zurück, halte die Handflächen nach oben und wiederhole den Satz im Ton eines Polizeispezialisten, der darin geschult ist, Menschen auf Flachdächern von ihren selbstmörderischen Absichten abzubringen.

Er entgegnet: »Sind Sie der Journalist, mit dem ich verabredet bin?«

»Ja, der bin ich …«

»Der Journalist aus der Schweiz?«

Mit wie vielen Journalisten haben Sie sich im Café de Flore um 16 Uhr verabredet, und woher kommen diese?, denke ich, nicke aber lächelnd wie der Spezialist, bevor er den Gesprächspartner mit einem Hechtsprung von der Dachkante reißt.

»Ich bin fürchterlich verkatert«, sagt er. (Er ist der erste Mensch, den ich treffe, der verkatert zu früh zu einem Rendezvous kommt.)

»Wer hat Sie hierher gebracht? War es, äääähm …«

»Ich habe den Führer des TGV nicht nach seinem Namen gefragt«, antworte ich.

»War es, äääähm …«

»Michelle war es, sie hat in Zürich eine Werbeagentur.«

»Ah, jaaah …« (Und sie wünschte, dass ich sie erwähne, falls sie mich mit seiner Assistentin bekannt mache.)

»Ich vermute, dass Ihre Assistentin Sie nicht en détail unterrichtet hat, worüber ich Ihnen Fragen stellen möchte?«

»Nein, in der Tat nicht. Aber wen kümmert's? Ich bin hier. Beginnen wir also mit ›Frage und Antwort‹ …« (Er werde bestimmt ein Interview geben – er liebe Aufmerksamkeit, sagte Michelle voraus.)

»Wie viel ist es wert, circa 28 Jahre danach, der Erfinder des Punkrocks und der Sex Pistols zu sein?«, schaffe ich es nach zwölf Minuten »Frage und Antwort«, eine Frage zu stellen.

»Ich denke, die Sache mit dem Punkrock ist die, dass sie mich für Leute einer gewissen Altersklasse sozusagen zum ›Doyen ihrer Jugend‹ macht. Es trifft sich nämlich, dass die, die jetzt an der Macht sind, mehrheitlich ein wenig jünger sind als ich. Deshalb sind sie meine Kinder irgendwie. Hohohoho.« Herrn McLarens Englisch erinnert an das von britischen Butlern in amerikanischen Filmen – »Souh they ohl ahr maih tschüldrehn sommhauh …«. (Und er ist der erste verkaterte Mensch, dessen Selbstgespräche an Beiträge des World Service der BBC erinnern.)

»Bemühen Sie sich noch darum, cool zu sein – oder geschieht es mühelos?«

»Ich denke, jedermann auf der Welt wird sich als Erstes, falls er erfolgreich ist und Geld verdient, irgendetwas Cooles kaufen. Öfter als nicht stellt sich dann aber heraus, dass dieses Ding nicht cool ist. Es ist eine unendliche Tretmühle, eine, die zu enormer Enttäuschung führt.« (Ich nehme das als: »Ja, ich bemühe mich mit 58 immer noch sehr darum, cool zu sein.«)

»Benennen Sie ein cooles Ding«, wünsche ich.

»Cool wird für gewöhnlich mit Dingen in Verbindung gebracht, die wir als nicht erfolgreich im kommerziellen Sinn ansehen. Versagen steht weit oben auf der Skala – und das ist, weshalb die meisten Leute anscheinend Coolness nicht verstehen und nicht erkennen können, wie man sie erkauft. Hohohoho.« (Und das ist, weshalb Malcolm McLaren von Werbeagenturen oder Hochschulen gebeten wird, es für Geld vorzumachen.)

Martin Margiela sei sein liebster Modedesigner, und seine liebsten Restaurants in Paris seien das Da Mimmo, Kim Lien und die Closerie des Lilas, wo es auch eine Bar gebe zum Champagner-Juleps-Trinken. Sein liebstes Hotel in London sei das Covent Garden. Der mir zugeteilte Fotograf bittet ihn, auf die Terrasse mitzukommen für das Porträt. Als der Fotograf zurückkehrt, richtet er Grüße von Herrn McLaren aus, der gegangen ist. Der Kellner tritt an den Tisch und sagt: »Verzeihen Sie ...« Ich fürchte, ich müsse erklären, wer Herr McLaren sei und wozu ich ihn interviewt habe. Doch er sagt: »Zahlen Sie die Rechnung von dem Herrn, der vorhin hier saß?«

Juni 2004

Was seither geschah

Malcolm McLaren macht noch so ziemlich dasselbe wie zu der Zeit, als dieses Gespräch stattfand. Das heißt, er lebt von seiner Legende beziehungsweise von Honoraren aus dem Verkauf seiner gedanklichen Entwürfe an die Marketingabteilungen von Unternehmen, die cooler rüberkommen möchten, um coolere Zielgruppen als Kunden zu gewinnen. Seine damalige Assistentin ist seine jetzige Freundin (oder möglicherweise auch bereits Ehefrau).

Beim König

Alexander McQueen, der Modedesigner, gab unserem Kolumnisten acht Minuten – mehr wäre zu viel, findet der.

»Well, das war's?« Alexander McQueen, Modedesigner, 36.

»Stilvolle Menschen sind nicht mehr tätowiert, hab ich gelesen – lassen Sie Ihre Tätowierungen jetzt wegmachen?« (An seinen Handgelenken gibt es Kreise, Bogen, Schnörkeltätowierungen wie aus dem Gefängnis.)

»Nein, gar nicht, Tätowierungen sind Zeichen von Unsicherheit, wissen Sie?«

»Ja?«

»Ja.«

»Vielleicht lassen sich viele ihre deshalb wegmachen.«

»Was, weil sie nicht mehr unsicher sind?«

»Nein, weil sie nicht mehr als unsicher rüberkommen möchten.«

»Hm, ich denke, Unsicherheit ist eine aufrichtige Qualität. Es ist schön, ein bisschen verwundbar zu scheinen. Weil es die anderen, die meinen, sie seien sicherer, dumm aussehen lässt.«

»Sie sind also sicher genug, um unsicher auszusehen?«

»Yeah, genau.«

Er ist in einem Büro mit Glaswänden bei Puma International in London. Darin gibt es ein Sofa, auf dem er mit gespreizten Oberschenkeln und angewinkelten Unterschenkeln sitzt. Das sieht mühevoll aus und ist irgendwie komisch. (Er stellt Turnschuhe vor, die er entworfen hat – und man kann die, die er trägt, nicht sehen, weil er draufsitzt.) In seinem Rücken sitzt ein Mann in einem Geschäftsanzug an einem Schreibtisch, neben dem Sofa sitzen zwei Frauen in Röcken und Jacken mit Klemmbrettern auf den Knien. Niemand grüßt, als ich ins Zimmer trete, außer ihm. Ich vermute, es soll aussehen, als sei es ein wichtiges Treffen, bei dem es um mehr geht als Turnschuhe. (Die Notizzettel auf den Klemmbrettern der Frauen sind leer, und der Schreibtisch sieht aus wie einer im Showroom eines Büromöbelgeschäfts.) Herrn McQueens Kopf ist rasiert, er hat ein weißes Hemd an und Jeans mit einem braunen Gürtel von Hermès mit goldenem H als Schließe.

»Sie selber, sind Sie mehr der Adidas- oder der Puma-Typ?« (Eine ziemlich kleine Frage, für normal fühlende Menschen jedenfalls – doch der Mann in seinem Rücken schaut auf vom Tisch.)

»Nicht sehr Adidas, hahaha.« (Der Mann lacht mit.)

»Ich denk, ich bin mehr Puma-Typ, tatsächlich, und Nike.« (Die Frauen sehen mich an, als hätte er eine große Antwort gegeben.)

Interviews mit Modedesignern sind fast noch schwieriger als mit Schauspielern. Man meint ja, sie hätten was in der Art eines Genies (»Herr McQueen ist der begabteste Designer seiner Generation«, *New York Times*). Aber man meint ja auch, Schauspieler seien gescheite Menschen mit tiefem Wesen. (Immerhin sind Schauspieler oft allgemein bekannt, Modedesigner kennen eher nur wenige Menschen. Das macht es irgendwie noch herausfordernder, ihre Antworten für voll zu nehmen.)

»Welches ist das beste Buch, das Sie gelesen haben dieses Jahr?« (»Er ist sehr intelligent – beeindruck ihn, sprich über Dante«, sagte Isabella Blow, eine englische Stylistin, einer Journalistin vom *Tatler*.)

»Well, was war's? Ich bin kein großer Leser …«

»*The Lovely Bones*«, sagt der Mann im Rücken. (Er ist vermutlich ein Life-Coach.)

»Yeah, *Lovely Bones*, es ist über Geister, dafür interessier ich mich, denk ich.«

Seine Sprache ist träge und manchmal unbeholfen, seine Lider sind angeschwollen, er zuckt ab und an nervös mit dem Kopf und sieht eigentlich ziemlich fertig aus. (Er machte Ferien bis gestern, in Dubai, sagte ein Mitarbeiter.) Wenn in Zeitschriften nicht stände, er nehme keine Drogen mehr, seit seine Marke zu PPR, einem Konzern, gehört, und trinke wenig Alkohol, würd ich meinen, er habe einen Kater.

»Da Sie eigentlich kein Leser sind, welches ist der beste Film, den Sie gesehen haben in letzter Zeit?« (»Er lässt sich gern anregen, speziell vom Film«, *Vogue*.)

»Ach … ich meinte, ich bekäm Fragen über Turnschuhe.«

»Mal was anderes, ist doch auch gut, nicht?«

»Ja, aber mein Kopf ist fokussiert auf Turnschuhe, schon den ganzen Morgen … Was für ein Film?«

»›Deliverance‹.« (Das kam wieder vom Life-Coach/Souffleur.)

»Ah, ›Deliverance‹, yeah.«

»Harter Film, nicht wahr?«

»Ja, speziell die Vergewaltigungsszene, haha, ich mochte sie ziemlich.« (Ein Mann wird vergewaltigt.)

»War das, like, alles?«, fragt eine der Frauen. (Gesprächsdauer bis hierher: sieben Minuten dreißig Sekunden.)

»Einen Punkt hab ich noch.« (Vereinbart gewesen waren dreißig Minuten, aber acht sind auch okay, wenigstens für mich.)

»Was war das Wichtigste, das Sie lernten, seit Sie für ein großes Unternehmen arbeiten?«

»Ähm, ich glaub, Kommunikation.«

November 2005

Was seither geschah

Sein Cachet als »junger Wilder« und Sohn eines Taxifahrers aus dem Londoner East End, einem Kleine-Leute-Viertel, ist verbraucht, und auch als Underdog geht er nicht mehr durch. Das ist aber kein Problem. Der Modedesigner hat es mit seinem Talent weit genug gebracht und in den vergangenen Jahren zudem gelernt, wie man sich in einem Großunternehmen – der zum französischen PPR-Konzern gehörenden Gucci-Group – verhalten muss, um ernst genommen zu werden, dennoch ein wenig Wunderkind zu bleiben und vor allem seinen Job zu behalten. Seine Kollektionen sind nach dem Urteil der wichtigen Modeschreiber noch immer inspiriert und inspirierend und seine Zuverlässigkeit und sein Pflichtbewusstsein mittlerweile auf einer Höhe, die ihm viele aus der Branche nie zugetraut hätten. McQueen dürfte in der Industrie, in der er arbeitet, in den kommenden Jahren noch stärker stilprägend sein, vielleicht so, wie das Karl Lagerfeld (der ihn näher bei Künstler Damien Hirst sieht als bei sich) oder Jean Paul Gaultier früher waren.

Der Gipfel

Reinhold Messner soll die Höhe, auf der er ohne Sauerstoffmaske war, ja geschadet haben. Unser Kolumnist sieht das anders.

»Natürlich melke ich nicht die Kühe«: Reinhold Messner, 62.

»In der *FAZ* stand über Sie: Bergsteiger, Sand- und Eiswüstendurchquerer, Medienstar, Publizist, Bergphilosoph, zeitweiliger Grünen-Politiker, Kunstsammler, Museumsmacher.‹ Und als was sehen Sie sich?«

»Also, ich habe konkret keinen Beruf, ich habe zwar was gelernt (Geometer, Häuserbau und Straßenbau). Aber das sind alles nur Anhängsel, die zum Teil stimmen, aber das grenzt es nicht ein. Im Grunde bin ich ein Bergbauer, natürlich melke ich nicht die Kühe. Und jemand, der sich bemüht, ein selbstbestimmtes Leben zu führen.« (Seit er ohne zusätzlichen Sauerstoff auf dem Mount Everest war, 1978, brauche er sich um Geld nicht mehr zu sorgen, stand in *Vanity Fair* – Zahlungen von Sponsoren, Honorare für Vorträge, Tantiemen aus Büchern. »Er hat Millionen, ihm gehören ein Schloss, ein Weinberg und mehrere kleine Bauernhöfe in Südtirol.«)

Wir sind im Restaurant Heimelig da Bernasconi in Zürich, wo eine Veranstaltung von Südtirol Marketing stattfand mit ihm als Gaststar, damit auch jemand hingeht. Während des Essens beantwortete er Journalistenfragen und hat sich dabei recht aufgeregt. Nicht über die Fragen, sondern über die Gebiete, die er ansprach (Bergbauern, Brüssel und so weiter).

»Sie sehen, ich bin wütend«, sagte er, und ich denke, er ist gern wütend vor Publikum. Er hat ein blaues, frisch gebügeltes Hemd an, eine braune Hose, und seine Haare führen ein ähnlich selbstbestimmtes Leben wie er, so sieht es aus. Um den Hals trägt er eine Kette mit einem großen Xi-Stein aus Tibet, den er vor mehr als 20 Jahren einem alten Mann dort abgekauft habe für 1000 Dollar (heute sei er 10000 wert).

»Gibt es ein Gefühl, das das toppt, wenn man so einen Gipfel erklommen oder eine Eiswüste durchquert hat?«

»Das Zurückkommen ist ein starker Moment, nicht das Hinaufkommen. Es ist einer Wiedergeburt nicht unähnlich, und deswegen entsteht nachher oft auch diese Vehemenz, noch einmal etwas Ähnliches zu machen.«

»Sind Sie ein Süchtiger?«

»Viele Psychologen behaupten das, und wenn es stimmt, kommt der Suchtcharakter nicht daher, dass ich die Klimax am Gipfel erlebt habe, sondern durch das Wiedergeborenwerden anschließend.«

»Aber was empfindet man dort oben?«

»Sehr wenig, weil das Hirn fast nicht mehr arbeitet. In der großen Höhe, ohne Maske natürlich, ist es so, als würden wir uns selber beim langsamen, bruchstückhaften Denken beobachten. Ich habe immer das Gefühl, ich sehe da einen, der völlig daneben und dumpf ist.«

»Was suchen Sie eigentlich dort draußen?«

»Mir ging es immer um die Menschennatur. Wie ist unsere Natur, wenn die Gesetze und Regeln, die wir hier haben auf normalen Breiten, nicht mehr gelten? Was tun wir? Wie sind wir gemacht?« (Herr Messner ist, nebenbei, einer meiner gesammeltsten und geneigtesten Gesprächspartner *ever*. Er redet gut, und was er sagt, ist verständlich und gescheit. Vielleicht sollten andere auch mal auf einen 8000 Meter hohen Berg steigen und ihr Hirn eine Zeitlang unterversorgen mit Sauerstoff, Arthur Cohn etwa oder Nina Hagen.)

»Sie haben gesagt: ›Wir sind nicht das Herz der Erde, wie wir das meinen.‹ Was dann?«

»Wir sind ein momentanes Leitwesen, ich sage jetzt nicht ›Leidwesen‹, und wir werden in ein paar hundert Millionen Jahren in den Schichten dieser Erde zu finden sein als Leitfossilie.«

»Und dann haben Sie gesagt: ›Alles zerbröckelt.‹ Sind Sie Pessimist?«

»Nein, in keiner Weise. Aber durch die Wüste Gobi gehend, ist mir klar geworden: Das war früher ein Gebirge, und es ist einfach zerbröselt zu Steinscherben und Sand. Das ist faszinierend, weil es mir als älterem Herrn vorführt, dass ich auch langsam zerbrösle.«

»Glauben Sie, Sie sehen im Leben noch mal einen Yeti?«

»Die Frage ist falsch gestellt, man muss den Yeti als Summe von zwei Wesen sehen: Es gibt eine Legendenfigur, die heißt bei uns Yeti, und dazu ein zoologisches Pendant. Meine Aufgabe, die ich mir gestellt habe, war, abzugleichen, ob die von den Einheimischen beschriebene Figur deckungsgleich ist mit einem noch existierenden Wesen, einem Schneebären. Der Bär heißt in den verschiedenen Sprachen ›Bärmensch‹ oder ›Schneebär‹, wenn ich das ›Bär‹ weglasse, entsteht ›Schneemensch‹; inzwischen folgen mir 99 Prozent der Wissenschaftler.«

»Und glauben Sie, so einen werden Sie noch mal sehen?«

»Das ist sehr kostspielig, denn das Gebiet, wo die Tiere vorkommen, war damals abgeriegelt. Aber es gibt keine Notwendigkeit, es wieder zu tun, ich habe die Geschichte abgeklärt.«

Oktober 2006

Freie Sicht auf Kylie

Miss Minogue trinkt Kräutertee und reist im Privatjet. Wer sie etwas fragen will, muss schnell und rücksichtslos sein.

»Tolle Kurven, ohne dass man etwas dafür tun muss«: Kylie Minogue, Popstar, über ihre Figur.

»Versprechen Sie mir, dass ich in Köln zwei Fragen stellen darf?«, wollte ich vom Herrn von der Plattenfirma wissen.

»Ich verspreche Ihnen, dass Sie nicht einmal eine Frage stellen dürfen, falls es Ihnen nicht gelingt, das Mikrofon zu ergattern«, entgegnete er. Ich unterließ es zu monieren, dass ich eigentlich keine Veranstaltungen besuche, bei denen man ein Mikro ergattern müsse, weil ich ein »in Zürich ziemlich bekannter Journalist« sei (Zitat der Empfangsdame der Galerie de Pury & Luxembourg, »Kaufzwang« vom 9. Oktober 2003).

Kylie Ann Minogue, 35, geboren in Melbourne, ist eine »Pop-Sensation«, ein »Weltstar« (Pressetext). Sie verkaufte mehr als vierzig Millionen Tonträger, ihr »Über-Ohrwurm« (*Seattle Post*) »Can't Get You Out Of My Head« belegte in 21 Ländern Platz eins. Sie ist die »quintessenzielle zeitgenössische Künstlerin«, sagen Dolce & Gabbana, die auch Mode für Madonna machen; das »totale Pop Babe« (*Sun*) und »sogar in Amerika erfolgreich« (*Guardian*).

Um 13.30 Uhr gleicht die Halle des Kölner Mediaturms der New Yorker Grand Central Station zur Stoßzeit – ich bin nicht der Einzige, der im 41 Stockwerke weiter oben gelegenen Saal, wo in einer Stunde die Frage-und-Antwort-Runde mit Kylie beginnen soll, einen guten Platz belegen möchte. Doch die meisten der 100 Stühle sind bereits besetzt; bloß in der ersten Reihe gibt es noch einen freien Sitz. Ich gehe unauffällig darauf zu wie ein Mann, der in der Schalterhalle einer Bank einen Fünfhunderteuroschein am Boden liegen sieht. Behutsam lasse ich mich nieder – ich erwarte einen Faustschlag oder heftige Widerrede, aber nichts geschieht. Endlich weiß ich, wie sich Michael Schumacher in der Poleposition fühlt.

Um 14.50 Uhr dröhnen die ersten Takte von »Slow«, Kylies neuer Single, aus den Lautsprechern. Drei Minuten sechzehn Sekunden später nehmen die Leibwächter vor dem Fahrstuhl Haltung ein. Die 1,52 Meter kleine Frau tritt auf hohen Absätzen aus dem Aufzug und besteigt mit einem großen Schritt das Podium. Dabei rutscht ihr schwarzes Oberteil hoch und gibt den Blick auf ihr von schwarzen Leggings verhülltes, angeblich für drei Millionen Pfund versichertes Hinterteil frei. Der Moderator sagt: »Kylies Zeit ist knapp – deshalb bloß eine Frage pro Person.« Ich reiße meinen Arm hoch wie der Klassenstreber. Er sagt: »Bitte, der Herr in der ersten Reihe.« Die Hostess übergibt mir das Mikrofon und begeht so denselben Fehler wie ein Mann, der sich während des Finals der Fußball-WM die Fernbedienung aus der Hand nehmen lässt.

Ich frage: »Kylie, wer ist Ihr liebster Designer und weshalb? Welches Ihr liebstes Londoner Restaurant? Wann sind Sie heute Morgen aufgestanden? Was haben Sie zum Frühstück gegessen? Wie sind Sie nach Köln gereist? Wo …«

Hundert Journalisten im Saal wünschen, dass der Verlag, der mich beschäftigt, an Rupert Murdoch verkauft und ich zum Leserbriefredakteur herabgesetzt werde. Und der Hostess gelingt es, mir das Mikro wieder zu entreißen.

Kylie antwortet: »Ich mag Mode von Balenciaga, weil Nicolas Ghesquieres Kleider tolle Kurven verleihen, ohne dass man etwas dafür tun muss.« Und sie könne das Restaurant Eight over Eight empfehlen. Und sie sei um acht Uhr in ihrem Haus in Westlondon aufgewacht, habe Kräutertee getrunken und sei dann in einem Privatjet nach Köln geflogen. (Ich gebe zu, ich habe von ihr bloß zwei Antworten bekommen. Fragen drei, vier und fünf hat eine Dame aus ihrer Entourage mit einem Pass um den Hals, auf dem »Member Of Travelling Party«, Reisebegleiterin, stand, anschließend beantwortet.)
Der Moderator sagt: »Okay, Leute, letzte Frage.«
Jan aus Brüssel will wissen, weshalb sie vergangenes Jahr nicht in Belgien aufgetreten sei – »Haben Sie etwas gegen unser Land, Kylie?« Sie verneint höflich und sagt: »Ich sehe euch bei meinem Konzert.« Dann geht sie.
Ich stürze auf die Reisebegleiterin zu: »Ein letzter Punkt …«
»Sorry, keine Zeit«, fällt sie mir ins Wort, »ich muss das Rollfeld wischen, bevor Kylie nach Mailand weiterfliegt.«

Oktober 2003

Was seither geschah

Dieses Interview wurde vermutlich zu der Zeit geführt, als sie den größten Erfolg hatte. Seither hat sie eine Brustkrebserkrankung überstanden, sich nach einigem Hin und Her von ihrem Freund Oliver Martinez, einem Model und Gelegenheitsschauspieler, getrennt, eine Comeback-Tournee veranstaltet und ein neues Album veröffentlicht. Die Tour war ein großer Erfolg, das Album etwas weniger erfolgreich. Die Frage, wie man als Frau im Musikgeschäft würdig älter wird, hat sie sich sicher gestellt, aber noch nicht beantwortet, so sieht es aus. Sie hat zwar ihren vierzigsten Geburtstag hinter sich, aber den Relaunch von der sexy Popsängerin zur Sängerin noch vor sich.

Sir Glück

Roger Moore ist vielleicht der zufriedenste Mensch, den unser Kolumnist je getroffen hat. Keine einfache Ausgangslage.

»Michael Caine und ich gingen mal die Bond Street entlang«: Roger Moore, 78.

»Ich werd eigentlich nichts fragen über James Bond.« (Das mag er nämlich nicht.)
»Gut, haben Sie die Oscarverleihung gesehen?« (Das Interview war am Tag danach.)
»Einen Zusammenschnitt.«
»Ich auch, es gab ein Video von Steve Martin, er sagte: ›Ich kann die Veranstaltung nicht präsentieren dieses Jahr, ich will mehr Zeit verbringen mit meinen Kindern‹, recht lustig, und, oh, Philip Seymour Hoffman konnte grad noch aufhören, bevor er in Tränen ausbrach, er dankte seiner Mutter, weil sie vier Kinder allein aufzog, und Tom Hanks erzählte, wie man eine Dankesrede nicht hält, das war lustig.«
Er ist ein Interviewpartner, der eigentlich gar keine Fragen braucht, ähnlich wie Elizabeth Teissier, sie hat auch eine Wohnung in Crans-Montana, nebenbei, vielleicht gibt's da einen Zusammenhang. (Vielleicht auch nicht, Lolita Morena hat ja auch eine Wohnung dort.)
»Also, hier kommen meine zwei Bond-Fragen: Was ist das Beste am Leben danach?«
»Nicht mehr 100 Interviews geben zu müssen.«
»Und das Schlechteste?«
»Ich vermisse den Scheck.«
Wir sind in der Halle des Hotels Royal in Crans-Montana, ich war eine Viertelstunde zu früh, er war aber schon dort, saß auf einem Sofa und trank Espresso. (Ich hab ihn schon mal getroffen vor zwei Jahren, damals stand er auf dem Sofa, als ich in die Halle kam, und zog an einem Vorhang, der im Fenster verklemmt war; er möge keine Zugluft, sagte er.) Er hat einen gelben Wollpullover an mit Zopfmuster, rostrote Cordhosen und eine große Hornbrille auf.
»Und was ist das Beste am Berühmtsein?«
»Ein Klischee, man bekommt immer einen guten Tisch im Restaurant, ich weiß nicht, warum, übergewichtige Leute setzen sie ja ans Fenster, damit die, die vorbeigehen, denken, das Essen muss gut sein hier … Was sonst? Ich finde, die Leute sind hilfsbereiter, sie sind auch neugieriger, das ist ein Nachteil.«
»Ist das der einzige Nachteil? Andere Prominente leiden ja sehr darunter, berühmt zu sein, angeblich.« Chiara Ohoven (ein IT-Girl aus Düsseldorf mit einer vergrößerten Oberlippe) etwa sagt, es sei schwer, weil man sich nie gehen lassen könne, Willem Dafoe sagt nicht mal, welche Bücher er liest oder Platten er hört, weil das zu viel verrate über ihn persönlich, und Verona Pooth kam mit einem Bewacher zum Interview.
»Ich hasse es, Bewacher zu haben, man zieht damit Aufmerksamkeit auf sich. Das Geheimnis ist, keinen Augenkontakt aufzunehmen mit Leuten. Michael Caine und ich gingen mal die Bond Street entlang, ein Paar kam uns entgegen, wir gingen auseinander und sie zwischen uns durch, der Junge sagte: ›Hast du gesehen, das war Michael Caine.‹ Das Mädchen sagte: ›Nein, es war Roger Moore.‹«
»Sie wollten Maler werden, hab ich gelesen.«
»Ich hab mich interessiert für Kunst, hab gern gezeichnet im Gymnasium, Tiere zum Beispiel, Zeichnungen sind wahrscheinlich die lebhaftesten Sachen, die es gibt von mir.«

»Malen Sie noch?«

»Ich mach Skizzen, mit Öl zu malen gibt eine Sauerei.«

»Was skizzieren Sie denn?«

»Leute.«

»Also Porträts?«

»Mehr Karikaturen.«

»Haben Sie mal ausgestellt?«

»Nein, ich war nie gut genug, ich werd immer angefragt von Wohltätigkeitsveranstaltungen, ob ich Bilder spenden könnte oder Gadgets aus den Bond-Filmen, als ob ich ein Lagerhaus voll davon hätte.« Er ist ja gescheit und zudem eine Berühmtheit von der A-Liste (endlich wieder mal), aber irgendwie haben die Sätze von so einem nicht die Witzdichte der Sätze von Frau Pooth (»Von Homo Faber hab ich auch einige Bücher gelesen«) oder Gitta Saxx (»Das ist mein Œil de Toilette«).

»Ich hab ein Zitat von Ihnen aus der *Schweizer Illustrierten*, ich hoffe, Sie haben es gesagt.«

»Falls es mir gefällt, hab ich's gesagt.«

»›Ich hatte immer Glück, mein Leben lang‹, wirklich?«

»Ja, hatte ich.«

»Gunter Sachs versuchte mal, Glück zu messen mit der Maßeinheit ›Glü‹, wie viel Glü geben Sie sich auf einer Skala von 1 bis 100?«

»Mindestens 85 oder 90.«

»Schön, nicht?«

»Doch, und wenn ich was andres sagen würde, wär's undankbar. Als ich anfing zu schauspielern, sagte man mir, es brauche, um Erfolg zu haben, 33 Prozent Talent, 33 Prozent Persönlichkeit und 33 Prozent Glück. Ich sag heute, es braucht 99 Prozent Glück, und wenn man dazu noch ein Prozent Talent und Persönlichkeit hat, schafft man's.«

März 2006

Was seither geschah

Er verbringt immer noch viel Zeit zu Hause, wo er sich mit seiner Frau DVDs anschaut. Denn er ist Mitglied der sogenannten »Academy«, die Vorschläge macht, welcher Regisseur, Schauspieler etc. einen Award (»Oscar«) bekommt. Er geht noch immer gelegentlich aus, meistens zu Veranstaltungen, bei denen Geld gesammelt wird für wohltätige Zwecke, für die er sich einsetzt. Es geht ihm weiterhin verhältnismäßig gut – er ist 81 mittlerweile –, und er ist immer noch glücklich.

Pussy und Helmie

Helmut Newton hatte mehr nackte Frauen vor der Kamera als jeder andere Fotograf. Er trinkt Champagner zum Frühstück und hat eine schwache Blase.

»Guten Morgen, ich habe eine kurze Konzentrationsspanne«: Helmut Newton, 82.

»Ihr Interviewtermin steht«, sagte die Dame von der Galerie, »Dienstag, um acht im Savoy.«
»Diner mit Mister Newton?«, fragte ich erfreut.
»Bedaure, 8.00 Uhr – Herr Newton ist Frühaufsteher.«
»Um acht bin ich besetzt«, schwindelte ich, »sagen wir 10.30 Uhr?«
»Sorry, sein Flieger geht um elf. Seien Sie also pünktlich.«
Ich stelle den Wecker eineinhalb Stunden früher und melde mich um 7.59 Uhr beim Concierge des Savoy.
»Folgen Sie mir«, sagt er und führt mich zur Suite. Helmut Newton, 82, steht im Entree. Er trägt eine schwarze Hornbrille mit lila Gläsern, einen dunkelblauen Nadelstreifenanzug, rote Wollsocken und schwarze Sportschuhe von Puma.
»Guten Morgen, ich bin der Helmut«, sagt der in Berlin geborene, scheinbar ausgeschlafene Helmut Neustädter. »Trinken Sie Champagner mit mir?«
Er bietet mir einen Platz an, füllt zwei Gläser und sagt: »Shoot.« Als ich nicht gleich loslege, sagt er noch einmal: »Shoot.«
»Ich möchte nicht unhöflich sein«, sage ich, »aber ich führe Interviews am liebsten unter vier Augen.«
Der Herr von der Galerie, der neben ihm sitzt, sieht mich indigniert an. »Ich wünsche, dass er bleibt«, sagt Newton, »vor Publikum macht es mir mehr Spaß.« Ich schweige. Der Herr von der Galerie scheint ein wenig beleidigt, sagt aber: »Ich verstehe« und geht.
Newton sagt: »Ich brauche ein Mädel, das mir gefällt …«
»Verzeihung, da muss ich passen«, antworte ich.
»Wenn ich kein Mädel finde, kann ich keine Aktfotos mehr schießen.«
»Wo suchen Sie denn nach Mädchen?«
Er suche nicht nach ihnen – das habe er nicht nötig, sondern Mädchen suchen ihn.
»Natürlich«, erwidere ich und hoffe, nicht neidisch zu klingen. »Welchen Frauentyp bevorzugen Sie?«
»Die meisten Modelle sind mir zu dünn«, sagt Newton. Er möge keine Frauen mit Beinen wie Zahnstocher – »zonked out«, amerikanischer Slang für Drogenkonsumentinnen, nenne er solche.
Ich will wissen, welche Schuhdesigner die schönsten Absätze entwerfen. Manolo Blahnik und Jimmy Choo, antwortet er.
»Müssen es immer High Heels sein?«
»Ja, ich hasse Schuhe mit niedrigen Absätzen.«
»Und welche Art Unterwäsche sollen Frauen tragen?«
»Mir gefallen sportliche Höschen und kleine BHs von Calvin Klein, weiß natürlich, das sieht hübsch aus.«

Newton ist seit 55 Jahren mit der Fotografin Alice Springs verheiratet – er nennt sie »Pussy«, sie ihn »Helmie«.

Er schenkt Champagner nach, ich frage: »Mögen Sie Pornografie?«

»Ich sehe mir gerne welche an, aber als Fotograf mache ich lieber sexy Bilder.« Denn Porno elegant darzustellen sei sehr anspruchsvoll, sagt er.

»Haben Sie es versucht?«

Ja, und es sei ihm gelungen – seine großformatigen Bilder von kopulierenden Paaren hängen zurzeit in der Neuen Galerie in Graz.

»Wie wird man eigentlich der bestbezahlte Fotograf?«

Er sei bloß durchschnittlich bezahlt, sagt er.

»65000 Euro am Tag ist mehr als durchschnittlich«, entgegne ich.

»Mag sein, aber meine Konzentrationsspanne ist sehr kurz – deshalb benötige ich nie länger als zweieinhalb Tage für einen Job.«

Die besten Kameras habe Plaubel-Makina hergestellt, sagt er, eine deutsche Firma, die bereits vor Jahren in Konkurs ging. Heute arbeite er mit welchen von Nikon und Canon; er kaufe sie bei Y J Cameras in New York. Sein Lieblingshotel sei das Chateau Marmont in Hollywood, wo er während 28 Jahren überwinterte, und die Villa d'Este bei Como. Sein Stammlokal sei die Bar des Hôtel de Paris in Monte Carlo, seiner Wahlheimat.

Es klingelt – der Fotograf der *Weltwoche* steht vor der Tür.

»Sie wollen mich fotografieren?«, fragt er. »No way!« (Später wird Newton ihm sagen, er verwende eine schlechte Kamera, und ihm bloß 15 Bilder zugestehen.)

Er nimmt wieder Platz und fragt: »Wo sind wir stehen geblieben?«

»Wen werden Sie als Nächstes porträtieren?«, frage ich.

»Ich werde als Nächstes pinkeln gehen«, sagt er.

Das ist der beste Satz, den ich je gehört habe, um ein Interview zu beenden, denke ich. Doch drei Minuten später kommt er zurück und sagt: »Oriana Fallaci.«

Mai 2003

Was seither geschah

Helmut Newton hat vielleicht die eindrücklichste letzte Antwort aller Menschen, die ich bisher interviewt habe, gegeben. Auch weil es möglicherweise eine der tatsächlich letzten Antworten war, die er in einem Interview gegeben hat. Ein gutes halbes Jahr nach dem Gespräch in Zürich fuhr er vor dem Chateau Marmont in Los Angeles, wo er den Winter über lebte, mit seinem Wagen in eine Mauer und starb an den Folgen des Unfalls. Mir ist kein Interview bekannt, das er nach meinem gegeben hat und das in einer deutschsprachigen Zeitschrift erschienen wäre. Seine letzte Antwort? »Ich werde als Nächstes pinkeln gehen.« Die Frage war: »Wen werden Sie als Nächstes porträtieren?« Einverstanden, er sagte dann noch, nachdem er von der Toilette zurückgekommen war, »Oriana Fallaci«. Aber trotzdem. Die Fallaci, nebenbei, hat er nicht mehr porträtiert, soviel ich weiß.

Das Niveau

Désirée Nick war Dschungelqueen bei RTL. Der Kolumnist bemüht sich um ein faires Gespräch.

»Ich mache nicht Reklame für Männer«: Désirée Nick, Komödiantin.

»Ich bin gespannt, weil ich schon ein paar Comedians …«

»Ich bin Komödiantin. Und Autorin und Schauspielerin, ich bin eigentlich Lachphilosophin.«

»Weil ich schon ein paar Komödianten interviewt habe, die waren aber nicht lustig im Interview: Michael Mittermeier, Marco Rima, Helge Schneider …«

»Den verehre ich ja sehr, aber ich bin so ziemlich das Gegenteil, und trotzdem haben wir denselben Humor, er lacht über alles, was ich von mir gebe.«

»Wen finden Sie sonst noch lustig als Mann?«

»Ich mache nicht Reklame für Männer. Es gibt wenig lustige Männer, aber auch wenig lustige Frauen.«

»Sie sagten im *Tagesspiegel*: ›Ich suche in diesem Leben das Wahre, das Gute, das Schöne.‹ Das fand ich lustig.«

»Ich hoffe, ich kann dazu beitragen, etwas Zierrat und Frohsinn in den Alltag zu bringen. Ich sehe mich als eine Zierde im Leben derer, die meine Nähe suchen.«

Wir sind im Restaurant Kindli in Zürich. Sie hat viel Make-up im Gesicht, und ihr Lipgloss würde zu einem Mädchen passen. Sie trägt ein Top unter einer Lederjacke, das ebenfalls zu einem Mädchen passen würde, falls es in die Disco ginge. Im *Tages-Anzeiger* stand, sie sei die »letzte echte, bitterböse Berliner Schnauze mit goldenem Herzen aus einer Reihe von Damen wie Hildegard Knef, Lotti Huber, Helen Vita oder Brigitte Mira«. (Mich erinnert ihr Aussehen an Dolly Buster, ihre Betonung der eigenen Fähigkeiten an Nina Hagen und ihre Ausstrahlung an Amanda Lear; die ich, nebenbei, nie getroffen habe.)

»Haben Sie es denn gefunden, das Wahre, Gute und Schöne in diesem Leben?«

»Ich glaube ja, in meinen vier Wänden hat selten was stattgefunden, was nicht wahr, gut oder schön gewesen wäre.«

»Weshalb sagen Sie eigentlich ›in diesem Leben‹, glauben Sie an Wiedergeburt?«

»Nein, aber wir haben ja nur dieses eine.«

»Hätte mich auch erstaunt, Sie haben immerhin katholische Theologie studiert.«

»Mhm.«

»Es war ein Fernstudium, ja?«

»Nein, nur der Abschluss.«

»Bei Wikipedia steht aber was anderes.«

»Ich war am St.-Elisabethenstift in Heidelberg, nee, stimmt nicht, in Hildesheim. Und dann bin ich wegen eines Mannes nach Berlin gegangen. War natürlich schon der erste Fehler, sich zu einem Fernstudium hinreißen zu lassen der Liebe wegen.«

»Und von nun an ging's bergab, oder?« (Das war der Erfolgstitel von Hildegard Knef, aber das weiß sie bestimmt.)

»Nein, ich habe mich dann schon immer für die richtige Wegabzweigung entschieden.«
»Und dann sagen Sie: ›Da spricht eine, die tief enttäuscht ist.‹ Wovon?«
»Von den schmutzigen Blicken und Gedanken der Menschen.«
»Wo begegnen Ihnen diese denn, auf der Bühne?«
»Nein, das Theater ist der Ort, an dem diese Dinge draußen bleiben sollen. Aber im Leben, ich bin enttäuscht von den niederen Absichten und der Geschmacklosigkeit der Menschen.«
»Ich dachte, Sie sind enttäuscht von den Männern. Sie sagen ja: ›Frauen täuschen einen Orgasmus vor, Männer simulieren ganze Beziehungen.‹«
»Nein, wenn die Chemie stimmt ... Man soll ja nur mit denen Zeit verbringen, bei denen die Chemie stimmt.«
»Wissen Sie eigentlich, weshalb Frauen einen Orgasmus vortäuschen?«
»Das müssen Sie besser wissen als ich ... Wahrscheinlich weil die Männer schlechte Liebhaber sind.«
»Nein, weil Frauen meinen, es interessiere die Männer.«
»Ach so, und Sie denken, es interessiert Männer gar nicht?«
»Wenn man einen Witz erklärt, wird er platt, nicht?«
»Ich finde, Männer sollten froh sein, wenn man ihnen was vorspielt.«
»Von mir aus gesehen, versuchen Sie so rüberzukommen: Sie ziehen Ihr Bühnengesicht an und stellen sich hin, aber in Wirklichkeit ist alles ganz anders, Sie haben ein Wesen mit Tiefe, sind ernsthaft und verletzlich ...«
»Mhm, aber damit kann man kein Geld verdienen.«
»Aber ich glaube es Ihnen nicht, ich glaube, Sie sind so.«
»Wie bin ich?«
»Genau so, wie Sie sich geben im Fernsehen und in Interviews.«
»Das ist ja wunderbar, da bin ich stolz drauf, denn solange es gelingt, meine Kunst als solche zu verbergen, bin ich am Ziel. Ich kann nur sagen, ich bin Entertainer, unterhalte auf hohem Niveau, und wenn ich Feierabend mache, bin ich ganz anders.«
»Geben Sie mir noch einen Ihrer Sprüche, über Roger Schawinski bitte.«
»Och, der sagt mir gar nichts.«
»Er schreibt ähnliche Bücher wie Sie, übers Altern, und ist Chef von Sat.1.«
»Und da hat er mir noch keinen Vertrag gegeben? Der hätte sich doch längst bei mir melden müssen. Stattdessen hat er der blöden Jenny Elvers eine Klatschshow gegeben.«

Oktober 2006

Was seither geschah

Ich will ehrlich sein, sie war eine der mir eher wenig sympathischen sogenannten Prominenten. Der Teil ihrer Persönlichkeit, den sie mir gezeigt hat, bestand aus einer Mischung aus Zuhör- und/oder Empathieunvermögen und überschätzter Wahrnehmung der eigenen Wichtigkeit. Trotzdem ist Schadenfreude unangebracht beim Festhalten dessen, was seither geschah: Im Jahr 2007 trennte sie sich von ihrem damaligen Freund mit Namen Oleksi Bessmertini, elf Jahre jünger, den sie als den Mann, der sie heiraten werde, bezeichnet hatte. Er soll homosexuell veranlagt gewesen sein, stand nach der Trennung in einer Zeitung, was zu Fragen führt, die noch unbeantwortet sind: Hatte sie das zuvor nicht bemerkt? Oder fühlte er sich von Frauen und Männern angezogen, und sie hatte nur das nicht bemerkt? Oder hat es sie nicht interessiert, weil sie vor allem ihre Rolle als Star ihres eigenen Lebensfilms interessiert? In Porträts von ihr, nebenbei, gibt es circa vier verschiedene Altersangaben – von 45 bis 52 ist alles zu haben (was auch die Information, Bessmertini sei elf Jahre jünger, ungenau macht). Ferner hat sie im vergangenen Jahr ein Buch über das Fremdgehen veröffentlicht. Und sie tourt weiter. Am Tag vor ihrem Auftritt in Zürich im Herbst 2008 hat mir ihr Agent ein weiteres Interview angeboten (»Es gibt noch einen freien Slot«).

Susi Schnatter

Klar lohnt sich der Aufwand nicht, aber jemanden wie Verona Pooth muss unser Kolumnist einfach treffen.

»Von sieben Tage die Woche arbeite ich vier, und zwei nehm ich frei«: Verona Pooth.

»Danke, dass Sie sich Zeit nehmen.«

»Sehr gern.«

»So sieht das Heft aus.«

»Kann ich mal sehn? Mhm.« (Ich hab ihrem Manager einige Male Hefte geschickt, sie sieht zum ersten Mal eins, vermut ich.)

»Welcher Figur haben Sie Ihre Stimme denn geliehen in diesem Disney-Film?« (Vorhin war Premiere.)

»Also der Film an sich heißt ›Himmel und Huhn‹, und ich hab's auf meinem T-Shirt – das ist die Susi Schnatter.«

Sie fällt ins hohle Kreuz und zieht ihr Oberteil nach unten, über ihrem Magen ist die Witzzeichnung eines Huhns zu sehen. (Das war die Gelegenheit, mir zu zeigen, was unter dem T-Shirt ist. Also nicht eigentlich mir, sondern dem Mann, der da sitzt und den Bericht schreiben wird. Weil der dann weniger schlecht wird, bei so guten Brüsten.)

»Lustig, dass Sie einer Filmfigur die Stimme leihen, Journalisten schreiben ja, Sie klingen wie eine Kreissäge.«

»Kreissäge ist wohl stark übertrieben, man kann sagen, meine Stimme ist komisch, aber ich sag mal ›außergewöhnlich‹, das klingt besser.«

Fünfzehn Minuten vor der verabredeten Zeit fuhr das »Camp Pooth« ein im Hotel Dorint in München wie eine Motorradbande in einer Kleinstadt. (Unprofessionell eigentlich, man sollte Gesprächspartner immer warten lassen als Star.) Wenigstens muss das Camp Pooth – ein Manager, ein Mitarbeiter, ein Leibwächter, ein Haare-und-Make-up-Mädchen und Frau Pooth – dann früher wieder los als geplant. (Und die Zeit fürs Interview muss gekürzt werden von 30 auf 20 Minuten, das geht auch.)

»In der *Bild* stand, Sie arbeiten 70 Stunden die Woche, verdienen 100 000 Euro im Monat, das war vor zwei Jahren. Und heute?«

»Also ich bin nicht der Mensch, der so was ständig ausrechnet. Ich denke, dass ich ganz gut im Business bin, ich hab mir meine Karriere selbst aufgebaut, und deswegen freu ich mich, grad als Frau.«

»Aber eine Einkommensprognose machen Sie nicht?«

»Also was ich sagen kann, ist, ähm, von der kleinen Miss Hamburg zur Business-Millionärin hab ich's geschafft. Und jetzt hab ich ein wunderschönes Haus, einen tollen Ehemann, einen neuen Namen und einen kleinen Sohn, und das bedeutet natürlich ein geregeltes Leben, und so würd ich sagen, von sieben Tage die Woche arbeite ich vier, und zwei nehm ich frei.«

»In Wikipedia, dieser Enzyklopädie im Web, steht, ›seit 2004 Abflauen der Feldbusch-Manie‹. Kennen Sie Wikipedia?«

»Nein.« Bedauerlich, weil sie wieder eine überkommene Vorstellung, die man von ihr so hat, für gültig erklärt. (Und weil ich einen Eintrag hab in Wikipedia.)

»Weshalb flaute die Feldbusch-Manie ab?«

»Sie flaut gar nicht ab, aber das Leben ist ein Auf und Ab, und das ist auch normal, nichts in der Geschichte der Menschheit ging nur nach oben. Und ich denke, dass ich mich ernsthaft weiterentwickelt hab.« Es gibt ein Computerprogramm »Promis antworten«, vermut ich, das hat ihr Manager, und er drückt die Taste, sagen wir: F3, wenn eine Frage kommt, in der es ums Karrieretief geht, und die Antwort übermittelt er ihr dann. (Damit hab ich kein Problem, ich mag nur nicht, dass die Programmierung so unelegant ist und dass sie meint, ich könne diese »Antworten« ernst nehmen.)

»Welches ist das beste Buch, das Sie gelesen haben vergangenes Jahr?«

»Ob das letztes Jahr war, weiß ich nicht, aber gefallen hat mir von Bertolt Brecht *Der gute Mensch von Sezuan*, das ist 'ne faszinierende Geschichte … [und 'ne gute Antwort, schon im Interview in der *Schweizer Illustrierten* vom 20. April 1998], ansonsten, ja, von Homo Faber hab ich auch einige Bücher gelesen.« (Darunter »Max Frisch« wohl.)

»Was ist das Wichtigste, was der Mann an Ihrer Seite können muss?«

»Ich brauch jemand mit viel Humor, Intelligenz und der selber weiß, was er will.« (Taste F5.)

»Und wie machen Sie ihn glücklich?«

»Mit Treue, mit Liebe, mit Humor und gutem Sex vielleicht, da muss man allerdings Franjo fragen.«

»Weshalb musste ich 16 Monate warten auf dieses Interview?«

»Ja, das Management an sich bekommt ja glücklicherweise alle Anrufe, da bin ich ganz unschuldig …« Dann geht sie Fotos machen, und das Management, also Alain Midzic (sieht aus wie einer, der zu klein war zum Modeln, dann halt Künstlermanager wurde und das blieb, auch als er nicht mehr Frau Feldbuschs Freund war), sagt, warum es so lang gedauert hat mit dem Interview. Der Punkt sei, wenn wir die *Bunte* wären, hätt er das morgen gemacht.

Januar 2006

Was seither geschah

Im Anschluss an dieses Interview wünschte Frau Pooth, dass es umgeschrieben würde; so, wie sie es gegeben hatte, wollte sie es nicht freigeben. Ich willigte nicht ein, sondern verlangte, dass ihre Sätze geschrieben würden, wie sie sie gesprochen hatte. Nach der Veröffentlichung verlangte sie über ihren Anwalt eine Gegendarstellung und Wiedergutmachung. Ein Verfahren wurde nicht eröffnet, es fand sich kein Richter, der der Frau, die durch den fehlerhaften Gebrauch der deutschen Sprache bekannt wurde und damit Geld verdiente, in dieser Sache zuhören wollte.

Ihr Mann Franjo hat in der Zwischenzeit mit mehreren Firmen, die ihm gehören und die er führte,

Schulden in Millionenhöhe verursacht. In dieser Sache liefen verschiedene Verfahren, als dieses Buch gedruckt wurde. Man darf schreiben, dass ihr vermutlich nur wenige Leute die Rolle der wohlmeinenden, aber in Geschäftsdingen uninteressierten und/oder unbedarften Ehefrau abnehmen. Auch das Fahren von teuren Autos und Ferienmachen in Fünf-Sterne-Hotels zu Zeiten laufender Gerichtsverfahren machte die Moderatorin und ihren Mann in der Öffentlichkeit nicht beliebter.

Die Trompete

Sven Regener, Musiker und Schriftsteller, ist ein gut gelaunter Mensch, der richtig Spaß hat am Leben, sagt er.

»Man kann auch verdammt langweilig sein«: Sven Regener, 45.

»Ich hab ein neues Mikrofon, mit dem werden Aufnahmen super, angeblich.« (Ein Knopf an einem Kabel, man legt es auf den Tisch vor den Gesprächspartner.)

»Sehr gut, vom Elektronikgeschäft, was? Elektronikgeschäfte sind wie Apotheken, irgendwas nimmt man immer mit.« Ich sag ja sonst, berühmte Menschen sind nicht offen für Bemerkungen vom Interviewer, aber er hört zu, so sieht es aus.

»Ich beklag mich nicht, aber weshalb treffen wir uns so früh? (Es ist 10 Uhr, wir sind in der Bar des Hotels Senator in Zürich.)

»Ich hätte auch gern länger geschlafen, aber es ist so, dass wir um halb eins ins Kaufleuten fahren, für Soundcheck und so.«

»Wie sieht dein Tag aus in Berlin, wenn du nicht tourst?«

»Größtenteils privat, also wenn ich nichts zu tun hab, hab ich frei, wobei ich mich nicht mehr daran erinnern kann, irgendwas ist ja immer.«

Er ist 45 und Sänger, Trompeter und Texter von Element of Crime, einer Gruppe, die es seit 20 Jahren gibt und die Kritiker mögen, vor allem, wenn sie schon älter sind, und über deren Musik sie Sätze schreiben wie »ein Repertoire aus humpelnden Basszupfern, hoppelndem Schleichen der Drums und achselzuckender Gitarre«. (Stand genau so im *Tages-Anzeiger*.) Und er hat zwei Bücher geschrieben, *Herr Lehmann*, von dem eine Million Stück verkauft wurden, und *Neue Vahr Süd*. Er trägt eine Brille mit dicker Fassung aus Kunststoff (fürs Foto legt er sie aber ab), und unter dem schwarzen, ein wenig glänzenden Hemd hat er einen Bauch. Er ist vom Äußeren her also zwischen Tyler Brûlé und Endo Anaconda. (Tyler trug auch so eine Brille, vor fünf, sechs Jahren, er setzte sie aber nur für Fotos und Interviews auf, nebenbei.)

»Im *Spiegel* stand, du seist der eleganteste Rock 'n' Roller der Nation.«

»Das fand ich 'n interessanten Ansatz.«

»Siehst du's auch so?«

»Ich halt mich da raus.« (Dann sagt er nichts mehr und ich auch nicht, und das ist ein bisschen blöd, denn irgendwie verliert der, der zuerst wieder was sagt.)

»Es ist nicht so, dass ich diesen Titel angestrebt hätte, aber wenn es jemand so empfindet, ist mir das recht.«

»In einem Interview sagtest du mal: ›Zu so richtig peinlichen alten Säcken sind wir bisher nicht geworden.‹«

»Ja, es ist 'ne Frage der Attitüde, wie man damit umgeht.«

»Wie verhindert man, dass man peinlich wird?«

»Es gibt nichts zu verhindern, denn nicht peinlich zu werden ist auch wieder ein negativer Wert. Man kann auch verdammt langweilig sein, wenn man nicht peinlich ist.«

Er ist wahrscheinlich der beste Texter der deutschen Rockmusik, stand in *Rolling Stone*. (»Ich bin jetzt da, wo ich mich haben will / Und das ist immer Delmenhorst / Erst wenn alles scheißegal ist / Macht das Leben wieder Spaß«, das ist aus »Delmenhorst« vom aktuellen Album »Mittelpunkt der Welt«.) Aber er ist nicht der beste Gesprächspartner, wahrscheinlich liegt's daran, dass er in die Coolnessfalle geht, jede Antwort soll immer supercool sein.

»Bist du eigentlich ein gut gelaunter Mensch?« Ich frag, weil *Herr Lehmann* als Gute-Laune-Buch beschrieben wurde, »dieser amüsante Erstling«, stand in der *Zeit*. (Scharfe Kritik also fürs deutsche Feuilleton.)

»Heute?«

»Nein, grundsätzlich.«

»Ich bin ziemlich weit oben auf der Skala, ich hab wirklich Spaß am Leben, aber deshalb ist es nicht so, dass man nicht furchtbar traurig sein kann zwischendurch. Ich mochte immer diesen österreichischen Spruch: ›Die Lage ist hoffnungslos, aber nicht ernst.‹«

»Du hast gesagt, es gibt diese Angst: Mir fällt nie mehr was ein.«

»Das betraf vor allem die frühere Zeit, als man anfing. Und es ist so, dass man als Rockmusiker wahnsinnig wenig zu tun hat, darum ist man versucht, gleich wieder Songs zu schreiben, aber wenn einem nichts einfällt, kein Lied draus machen, das ist Regel Nummer 1 a. Und auch Bücher, man muss nicht unbedingt Bücher schreiben.« (Solche Sätze fallen auf die Nerven, sie haben so was »Man muss nicht, ich aber schon, weil ich kann's halt, und da steht man dann in der Pflicht«-Mäßiges.) »Was ist wichtiger, der erste Satz oder der letzte?«

»Oh, sind beide gleich wichtig, wobei im Grunde, glaub ich, ist wichtiger, dass der Schluss so 'n bisschen Gesang hat.«

»Wie geht der letzte Satz von *Herr Lehmann*?«

»Irgendwie so: ›Ich geh erst mal los, irgendwas wird sich schon ergeben.‹«

»Hast du einen letzten Satz für diesen Text, mit so 'n bisschen Gesang?«

»Nee, bei Interviews gar nicht, das überlass ich gern den andern.«

März 2006

Was seither geschah

Vergangenes Jahr veröffentlichte er den Roman *Der kleine Bruder* und schloss damit seine *Herr Lehmann*-Trilogie ab, die der Republik einen neuen deutschen Archetypus geschenkt hat (*Spiegel*). Ein neues Album hatte Regener beziehungsweise seine Gruppe Element of Crime noch nicht herausgebracht, als dieser Text in Druck ging. Prognosen sind schwierig, vor allem, wenn sie die Zukunft betreffen. Hier trotzdem eine: Es wird ein neues Element of Crime-Album rauskommen, und es wird gleich oder ähnlich sein wie die vorherigen. Also gut.

Das Feinbein

Als Interviewpartner ist Marcel Reif nicht so interessant wie als Fußballkommentator – außer es geht um Frauen.

»Das bezog sich auf meine wilden Jahre der Balz«: Reif, 55.

»Der Fisch ist gut hier.« (Im Restaurant Haute in Zürich.)
»Kommt mir sehr entgegen.«
»Dort sitzt der Chef unseres Verlags, übrigens.«
»Dann müssen Sie sich gut benehmen.«
»Ist ja eigentlich unklug, wenn man im selben Lokal isst wie der Chef, nicht?«
»Wenn Sie jetzt die Magnum-Champagner bestellen, dann … Sie dürfen übrigens Schwyzerdütsch sprechen, wenn Ihnen das angenehmer ist.«
»Lieber nicht, ich hab zwar Akzent, aber es geht einfacher zum Abschreiben nachher. Und Sie als Sprachfeinbein will ich nicht beleidigen mit meinem Berndeutsch.«
»Es ist nicht mein Lieblingsdialekt.«
»Zum Wohl, und danke, dass das Interview zustande gekommen ist.«
»Für ein warmes Mittagessen mach ich alles.«
Er gilt vielen Fans als bester Fußballkommentator, stand im *Stern*; er arbeitet bei Premiere, einem deutschen Sportsender. Und er ist gut gekleidet, find ich. Vielleicht nicht ganz so, wie man sich in seinem Alter kleidet, mit Vorteil. (Man trägt das Hemd besser in der Hose, und Reifen aus Metall und Bänder aus Leder am Arm sind irgendwie so »Hey, ich bin zwar 55, aber ich hoff, ich sterb, bevor ich alt bin«.) Ich vermute, er hat auch manchmal Turnschuhe an, die er nicht zubindet. (In *Vice*, einer amerikanischen Zeitschrift, in der steht, was geht und was nicht, stand: »Die Einzigen, die sich schlechter anziehen als Teenager, sind mittelalte Kerle mit Geld.«) Der Gegenstand beschäftigt mich – ich trag auch das Hemd über der Hose und ein Band aus Leder am Arm.
»Ich hab Herbert Feuerstein interviewt.«
»Sehr witziger Mann, intelligent witzig.«
»Das heißt, die Latte liegt hoch.«
»Es gibt ja Leute, die nur Witzchen machen, das ist dann bemühend.«
»Für mich liegt die Latte auch hoch, aber: ›Nur eine dumme Frage, und ich mach Sie zum Affen!‹, haben Sie mal einem von der *Süddeutschen* gesagt.«
»Das war ein schlechter Tag, irgendwas mit Premiere …« Er nimmt dann einen Anruf entgegen auf seinem Telefon und sagt: »Äh, ich sitze grad mit einem Kollegen und bespreche was …« (»Kollegen?« – Ich mein, er hat den Grimme-Preis gewonnen.) Andere sagen: »Ich geb grad ein Interview, kann ich zurückrufen?« (Und Dieter Meier sagte: »Ich empfange Herrn van Huisseling.«)
»Was ist eine dumme Frage für Sie?«
»Da müsst ich in der Geschichte kramen.«
»Vielleicht: ›Haben Sie sich schon mal ein Spiel der Schweizer Nationalmannschaft angeschaut?‹ Fragte einer von der *Sonntagszeitung*.« (Von ihm kommt nichts.)
»›Frauen sagen, Marcel, mit dir kann man so schön reden‹, sagten Sie mal in einem Interview.«

»Das bezog sich auf meine wilden Jahre der Balz, ich bin sehr monogam, was aber nicht der Erwähnung bedarf, ich bin glücklich verheiratet.« (Diesen »Ich bin glücklich verheiratet«-Satz hört man von Männern eigentlich nur, wenn man sagt, dass sie ankommen bei Frauen.) »Weshalb kann ein Mann Frauen mit Sprache beeindrucken und verführen?«

»Weil er ja sonst affenartig alle Erziehung fahrenlassen müsste, so viel mitteleuropäische Attitüde sollte schon sein. Ich glaube, dass Frauen auf Humor … Was heißt schon Frauen, Männer …«

»Verallgemeinerungen sind schon okay, ich hab nur eine Seite Platz.«

»Eben, also, Frauen, glaub ich, mögen Humor, mögen Männer, die zuhören.«

»Männer schauen, Frauen hören, oder?«

»Ich glaube, dass die Intelligenz einer Frau auch erotisch sein kann, aber das allein genügt nicht.«

»Als Sie nach Zürich zogen und noch nicht Zürichdeutsch sprachen, hatten Sie da schon Wirkung auf Schweizer Frauen?«

»Schwierig zu sagen, weil die, mit denen ich in der Anfangszeit zu tun hatte, kannten mich.«

»Zieht Sprache bei Gleichaltrigen eigentlich nicht?« (Seine Frau ist 20 Jahre jünger als er, die von Herbert Feuerstein 35 Jahre.)

»Ich glaube, dass auch Gleichaltrige Sprache wichtig finden. Dass Männer auf jüngere Frauen eher reagieren, ist Biologie.«

»Sie sind der Künstler der indirekten Rede, stand in der *Zeit*. Kommentieren Sie mein Interview in einem Satz, in der indirekten Rede.«

»Muss ich eben nachdenken, wie die indirekte Rede überhaupt geht. ›Ich fand, Sie haben sich gut eingelesen, nicht unspannend …‹, das ist nicht indirekte Rede, aber ich muss mir nicht die Mühe machen, es war 'ne lange Nacht gestern.«

Januar 2006

Was seither geschah

Im Jahr dieses Interviews (»Ich bin glücklich verheiratet«) beantragte seine Frau, eine Schweizerin, mit der er zwei Kinder hat, die Scheidung. Im Sommer 2008 hat er sich in Zürich mit Marion Kiechle, einer deutschen Gynäkologin, verlobt. Das Paar lernte sich vor einem Jahr bei einem Konzert der Gruppe Deep Purple kennen. Kiechle ist deutschlandweit die erste Frau, die einen Gynäkologie-Lehrstuhl innehat (Frauenklinik rechts der Isar der Technischen Universität München), sie ist 48 und war bereits dreimal verheiratet. Beruflich ist Reif immer noch tätig für Premiere, einen Bezahlfernsehsender.

Der Trio

Falls sogar Stephan Remmler uncool sein sollte, ist die Zeit reif für Plan B, dachte unser Kolumnist.

»Was mag das sein, irgendwas zum Knabbern?« Stephan Remmler, Musiker, 59.

»Was sind denn ›gemischte Seinigkeiten‹? (Er liest die Speisekarte.) Ist das ein Druckfehler oder was?«

»Wahrscheinlich ein Wortspiel, weil das Lokal so komisch heißt.« (Das kam von mir, wir sind im Restaurant Sein in Zürich.)

»Was mag das sein, irgendwas zum Knabbern?«

»Ein Häppchenteller vielleicht.«

»Möchtest du auch ein Häppchen? Dann bestelle ich nicht drei Sorten, sondern fünf.« (Wir duzen uns, essen vom selben Teller, obwohl wir uns noch nie zuvor begegnet sind.)

»Ich bin nicht Musikredakteur bei der *Weltwoche*, sondern ich habe eine Kolumne über Menschen.«

»Ich habe zwei davon gelesen.«

»Also nicht enttäuscht sein, wenn ich nur wenig über dein neues Album frage.« (»Eine Besinnung auf frühe Zeiten mit Trio: putzige Synthesizer, Drumcomputer und Textzeilen wie ›Frauen sind böse‹«, stand darüber in *Facts*, einer Wochenzeitschrift.)

»Okay.« (So geht das bei einem Profi, Chris von Rohr.)

Er hat zwei Clips aus Gelbgold im Ohr, trägt eine Jeansjacke, die an einigen Stellen fadenscheinig ist, ein Hemd, das aussieht wie Fallschirmseide, und eine Swatch. Alles Dinge also, mit denen ein 59-jähriger Mann nicht rumlaufen sollte. Aber irgendwie wirkt er trotzdem nicht richtig schlecht gekleidet. Vielleicht weil er sich so wenig Mühe gibt, dass man ihm fast nicht böse sein kann. (Bei Männern um die sechzig, die sich sehr viel Mühe geben, ist es ja genau umgekehrt, bei Frank A. Meyer, einem Journalisten, oder Marcel Reif, dem Fußballkommentator, zum Beispiel.)

»In den vergangenen vier Jahren ist dein Name nur 19-mal in Schweizer Zeitungen und Zeitschriften erschienen. Du bist nicht gerne berühmt, oder?«

»Ja, das Berühmtsein an sich brauche ich nicht. Aber es gehört dazu, dass ich, wenn ich meine Arbeit mache, sage: ›Hallo, es gibt was Neues.‹« (Ähnlich hat es Verona Pooth, 579 Erscheinungen nebenbei, gesagt. Also was die Aussage angeht, nicht die sprachliche Richtigkeit. Ihm glaube ich es aber.)

»Und was machst du den ganzen Tag?«

»Wenn ich gerade keine Platte mache?«

»Genau, man stellt sich das dann ein bisschen so vor wie in dem Film, in dem Hugh Grant von den Tantiemen dieses Weihnachtslieds lebt, das sein Vater geschrieben hat.« (Zurzeit singt Christina Aguilera »Dadada« für Pepsi, das gibt richtig Geld.)

»Also ich mache eigentlich immer Musik, weil ich das gerne mache. Ich wohne ja zum Teil in Lanzarote, und da denkt jeder: ›Der ist den ganzen Tag am Strand‹, aber ich bin gar nicht gerne am Strand. Ich habe mein Studio im Haus, da bastle ich immer rum und mache und so.« (Die letzte Platte kam 1996 raus.)

»Du bist der König der Einzeiler, nicht?«
»Das Kompliment darf ich mir nicht selber machen, aber ich habe das gern, wenn man den Text essenziiert, wenn ich dieses Wort kreieren darf.«
»Sind diese Einzeiler das Resultat von Inspiration oder Transpiration?«
»Inspiration. Es ist so, dass ein Lied meistens so anfängt, dass ich zwei Zeilen mit Melodie gleich habe, irgendwoher. Das muss man dann festhalten und 'n bissl mehr draus machen.«
»Heute hast du den ganzen Tag Interviews gegeben, oder?«
»Mhm.«
»Gibst du mir einen Einzeiler, der diesen Tag zusammenfasst?«
»Die Luft ist raus, ich will nach Hause.« (Der ist von seiner neuen Platte, toll aber trotzdem. Und wohl auch wahr, er hat nämlich gleich zu Anfang gesagt, dass er in 40 Minuten wegmüsse, zum 20.02-Uhr-Zug nach Basel. Er wohnt dort, seit 20 Jahren.)
»Stimmt es, dass du joggst?«
»Ja.«
»Das passt irgendwie nicht, ich finde, du bist eher der Typ, der sich im Rollstuhl auf die Terrasse schieben lässt.«
»Also ein Mannschaftssport, zum Beispiel Tennisspielen oder Volleyball, wo ich mit jemand anderem zu tun habe, das würde ich gar nicht wollen. Insofern finde ich schon, dass Joggen zu mir passt.«
»Liest du eigentlich Artikel über dich?«
»Du meinst, in so einer Phase wie jetzt?«
»Genau.«
»Normalerweise kriege ich das von der Presseagentur zugeschickt und lese das auch durch.«
»Jeder Journalist, der über dich schreibt, versucht ja ein Wortspiel mit ›Dadada‹. Tut das weh?« (Ich meine, jeder, der mich interviewt, fragt ja: »Bist du jetzt ein Star?«, weil ich ein Buch geschrieben habe, das heißt *How to be a Star*, und das fällt mir bereits auf die Nerven.)
»Na, das gehört zum Beruf, ich sehe das ganz entspannt. Schwarzenegger hat mal gesagt, er schimpfe nie auf Journalisten, das sind diejenigen, die ihn zum Star gemacht haben.«
»Wahrscheinlich wird auch in deinem Nachruf ›Dadada‹ drinstehen, und zwar mit einem Wortspiel.«
»Und vielleicht steht auf meinem Grabstein: ›Dadada liegt er‹.«

September 2006

Was seither geschah

Gemessen an seinem Maßstab, befindet sich der Musiker und Texter seit dem Interview in einer Art Intensivschaffensphase; zwischen 1997 und 2006 erschien keine Platte von ihm, seit Herbst 2006 hat er die Tonspur zu mindestens einem Film geschrieben (»Vollidiot«, nach dem Roman des Komikers Tommy Jaud, mit Oliver Pocher in der Hauptrolle, 2007) sowie 2008 seinen Hit »Dadada« mit dem in Chile lebenden Deutschen »Señor Coconut« in einer Cha-Cha-Cha-Version neu gesungen und aufgenommen (Rückseite der Single mit spanischer Version). Kritiker waren sich nicht einig über die Qualität des Songs, einer fand ihn umwerfend, ein anderer arm an Latino-Feuer. Das spricht vermutlich für das Stück, und abgesehen davon macht es Spaß, wenn sich Remmler nicht nur alle zehn Jahre oder so bemerkbar macht.

Frau Hase

Endlich ein Gespräch über Gott und die Liebe – mit Gitta Saxx, »Playmate des Jahrhunderts«.

»Ich hab noch was zum Anschauen dabei«: Gitta Saxx.

»Hallo, grüße Sie, ich bin Frau Saxx, meine Assistentin hab ich gleich mitgebracht.« (Regel Nummer 4 der »7 Golden Rules of How to be a Star«: Ein Gefolge haben.)

»Toll, ich führ aber eigentlich lieber Interviews unter vier Augen, ich frag auch nichts, bei dem Sie Beistand bräuchten.«

»Ja, und ich kann ja selber sprechen.« (Die Assistentin geht dann.)

»Ich hab noch was zum Anschauen dabei.« Sie stellt Cremes und Parfüms auf den Tisch.

»Mein Œil de Toilette.« (»Œil« de Toilette, toppen Sie das, Verona Pooth.)

»Ihre Kosmetiklinie?«

»Genau.«

»Können Sie einen O-Ton abgeben für meine Leserinnen, wie wenn Sie die Sachen verkaufen auf HSE, diesem Shoppingsender?«

»Ja, natürlich: ›So, liebe Zuschauer, ich möcht Ihnen gern heute meine Vierundzwanzig-Stunden-Creme vorstellen, da Sie's ja leider nicht sehen können, möcht ich's Ihnen mit Worten erklären, was das Besondere an der Creme ist.‹« (Es ging noch weiter, nicht 24 Stunden, aber 4 Minuten 49 Sekunden immerhin.)

Sie ist von Beruf Model, sagt sie, seit 17 Jahren, sie läuft nicht auf Schauen, dafür ist sie zu klein (1,66 Meter), sondern Fotomodell, sie war etwa in einer Werbung für Kodak, also ihr bemalter Körper. Aber falls man sie kennt, dann als »Playmate des Jahrhunderts«, die Leser des deutschen *Playboy* wählten sie im Jahr 2000 dazu. (»Was haben Sie eigentlich für ein Bild von mir?«, sagte sie aber, als der Fotograf fragte, ob sie Busen zeigen möchte für das Foto für die *Weltwoche*.) Sie geht oft auf Partys, früher ging sie mit Viktoria Skaf aus, die war auch Playmate und Model, hat aber dann Heiner Lauterbach geheiratet und muss jetzt nicht mehr arbeiten. (Herr Lauterbach, nebenbei, war auch grad im Falk's, der Bar vom Bayerischen Hof in München, wo Frau Saxx und ich waren, es war Mittwochnachmittag um zwei.)

»Sie wurden in München angesprochen von einem Fotografen: ›Magst Fotos machen für den *Playboy*?‹« (1988, ihr erstes Shooting.)

»Genau, so fing alles an.«

»Echt, denkt man dann nicht: ›Der älteste Trick, damit sich eine Frau auszieht‹?«

»Also ich hab erst mal gesagt: ›Ah, *Playboy*, nee.‹«

»Aber Sie haben's ihm geglaubt?«

»Ja, schon.«

»Hatte er einen Ausweis dabei?«

»Also das war ja ein Scout, der das Mädchen von nebenan gesucht hat, nicht der Fotograf selber.«

»Aber das Mädchen von nebenan sind Sie ja eigentlich nicht, Sie sind eher ein exotischer Typ.« (Der Vater ist aus Marokko.)

»Es gibt ja auch Mädchen von nebenan, die ein bisserl exotisch ausschauen, aber von meiner Seele her war ich das damals schon, ich hab noch schwäbisch gschwätzt.« (Sie kommt aus Überlingen.)
»Als Ihre Fotos im *Playboy* waren, stand da Ihr richtiger Name drin?«
»Also ich hab meinen Namen leicht verändert, mein Geburtsname ist Sack.«
»Aber Gitta heißen Sie?«
»Gitta Ilona.«
»Und was stand im *Playboy*?«
»Gitta Sack.«
»Wirklich?«
»Doch, natürlich, das sind halt die Mädchen von nebenan.«
»Ja, schon, aber ich mein, die sind auch immer alle 19, Single, im Bett Raketen, suchen einen lieben Freund, egal, wie er aussieht, Geld braucht er auch keins ...«
»Also ich hab das nie gelesen.«
»Sind Sie noch Single?«
»Ja, ich bin natürlich wieder Single.«
»Wieso ›natürlich‹?«
»Also meine Zusammenfassung, wobei ich jetzt nicht zu tief in dieses Thema einsteigen möchte, ist, dass viele Männer, ich möcht nicht sagen, Angst haben, aber dass sie sich vielleicht nicht rantrauen. Und natürlich auch, weil ich sehr anspruchsvoll bin.«
»Wo lernt man gute Männer kennen?«
»Bei 'ner normalen Aktion, aus dem Alltag raus, vielleicht im Fitnessstudio.«
»Gute Frauen, sagt man, lernt man kennen beim Einkaufen.«
»Dann aber bitte in 'nem Biomarkt, weil ich geh nämlich biologisch einkaufen.«
»Dann lernen Sie unter Umständen einen Liegerad fahrenden, gestrickte Socken tragenden Teilzeit-Geschichtslehrer kennen. Möchten Sie so einen?«
»Nein, einfach so einen wie ich, der bewusst sich auf die Ernährung konzentriert, aber trotzdem auch das Schicke, Moderne, Elegante mag.«
»Glauben Sie an die große Liebe?«
»Ja, absolut, immer noch, genau wie ich an Gott glaub.«
»Glauben Sie auch an die Männer?«
»Es gibt Momente, wo mir der Glaube fehlt.«
»Und dann kommt Gott ins Spiel?«
»Ja, dann geh ich in die Kirche und bete, dass meine Augen und mein Herz offen bleiben, ihn dann auch zu erkennen, wenn er vor mir steht, das ist ja das Entscheidende.«

Februar 2006

Der Dada

Christoph Schlingensief ist im Interview wie im Theater –
man versteht ihn nicht, aber man mag ihn.

»Irgendwo fängt es so an zu kriseln im Körper«: Christoph Schlingensief, 45.

»Die gleiche Uhr hab ich auch, das ist aber 'ne echte Rolex, oder? Ich hab die nämlich als Fake in Thailand gekauft, weil ich die so toll fand. Gold, Blau, Silber, das ist gut. Und auf einer Aktion in Frankfurt, ich stand da mit den Arbeitslosen auf einem Sockel, rief einer: ›Du brauchst doch gar nichts erzählen, schließlich hast du 'ne Rolex, dir geht's doch gut.‹ Dann kam ein Mann mit tätowierten Armen, so einer von St. Pauli, würde man sagen, der sagte: ›Moment mal, ich kenn mich aus, zeig mal her, kann ich eindeutig sagen, meine Damen und Herren, das ist keine echte Rolex.‹ Dann gibt er mir die zurück und sagt leise: ›Die ist doch echt.‹« (Meine Einstiegsfrage war gewesen: »Sie kamen gestern zurück aus Brasilien, was haben Sie dort gemacht?«, aber er ist schon angewärmt.)

»Das ist die *Weltwoche*.«

»Kenn ich, schätz ich.«

»Ich schreib also nicht für ein Fachpublikum.«

»Aber für eins voller Vorurteile.«

Es gibt eigentlich keinen Anlass für dieses Gespräch, darum auch keinen Hinweis auf ein neues Stück oder eine neue Aktion von ihm als Fußzeile. Der Gedanke, ihn zu treffen, kam mir, nebenbei, als ich von Ulf Poschardt, der die Autokolumne schreibt, eine Einladung bekam zu seinem 39. Geburtstag; er hatte die E-Mail so verschickt, dass man sehen konnte, wer sonst noch eingeladen war. (Herr Schlingensief kam dann zwar nicht aufs Fest, Inga Humpe und Benjamin von Stuckrad-Barre kamen auch nicht, alle andern aber schon.)

»Seit Ihrer Aktion ›Area 7‹ im Wiener Burgtheater vor zwei Monaten gehören Sie zu den großen deutschen Künstlern, stand in der *Süddeutschen*. Sehen Sie's auch so?«

»Es ist nett, wenn man so etwas liest, kann ich nicht abstreiten, andererseits ist es auch nur ein Artikel. Ich hab damit wenig zu tun, weil die Hauptsache meiner Arbeit immer war: Es muss fließen, es muss weitergehen. Und ich hab ja schon vier oder fünf Tode hinter mir, nach der ›Partei‹ oder dem ›Wien-Container‹ [zwei seiner früheren Kunstaktionen] ... Ich halte nicht so viel, ehrlich gesagt, von Zeitungen.«

Wir sind in der Küche seiner Wohnung in Berlin, Prenzlauer Berg, an den Wänden kleben Plakate seiner Filme (»Das deutsche Kettensägenmassaker«, »Hundert Jahre Adolf Hitler«), auf der Küchenabdeckung gibt es eine Webcam und einen Schädel. Er hat ein grünes Hemd an und Jeans, und seine Haare sind noch feucht von der Dusche.

»Gehören Sie denn jetzt zum Establishment, als großer Künstler?«

»Na ja, das ist ja das Ding, ich krieg jetzt auch mal ein Angebot, im Ausland ein Theater besichtigen, in Paris war ich, es gibt schon mythische Orte, die sich öffnen. Das ist aber nicht mein Bestreben, ich glaube, ich bin auch zu missverständlich. Jetzt hab ich eine Kuratorin getroffen, die sagte: ›Beuys funktioniert nur noch in Darmstadt.‹ Das ist dann der Satz, der übrig bleibt. Ich werd immer aus Oberhausen kommen. Oder ich hab eine Blinddarmnarbe, die ist riesig, weil er geplatzt war, das sind so Sachen. Graue Haare, die Augen werden schlechter ... Ein paar Wahrheiten gibt's einfach. Wie alt sind Sie eigentlich?«

Ich mag ihn, er ist nett und gescheit, und manchmal sagt er tolle Sätze, aber irgendwie versteh ich ihn nicht. Ich glaub, das ist einfach so, wenn man Künstler interviewt, es wäre wohl anders, wenn man nur so mit ihm reden würde, ohne Verabredung, ohne Tonband. (Wegen der *peer pressure*, des Drucks von Kollegen: »Hier, lies mal, was der Schlingensief gesagt hat im Interview.« – »He, den versteht man ja, der ist doch Mainstream, hat ausverkauft.«)

»Ich werd 41.«

»Ah ja, ich bin jetzt 45.«

»Schwieriges Alter, oder?«

»Ist komisch, nicht? Irgendwo fängt es so an zu kriseln im Körper, bei mir schmerzt jetzt auch der Rücken.«

»Im *Spiegel* stand: ›Schlingensief, das ist Eigenblut-Doping, der Mann berauscht sich an sich selbst.‹«

»Also ich kann bestätigen, dass ich superfroh bin und auch stolz, wenn ich was gemacht hab. Aber an mir berauschen? Nicht, dass ich sage: ›Guck mal, wie toll‹, ich will, dass andere daran teilhaben, Sie können meine Freundin fragen.« (Hätt ich gern gemacht, die war aber nicht da, sie ist 25, nebenbei.)

»Ich geh ja eigentlich nicht ins Theater, aber wenn, dann kommt immer eine Szene, in der ein Mann im Unterhemd auf der Bühne kniet und einen Monolog ins Dach redet. Warum macht man so was als Regisseur?«

»Ich glaube, man meint immer, man ist auf der Bühne derjenige welcher. Aber man merkt, wenn man das tut, dass das hochgradig peinlich ist, man ist nicht Hamlet. Und dann kommt der Satz: ›Der Raum überprüft uns und nicht wir den Raum.‹«

April 2006

Was seither geschah

»Ich bin jetzt 45. Irgendwo fängt es so an zu kriseln im Körper, bei mir schmerzt jetzt auch der Rücken«, sagte er im Gespräch. Im Sommer 2008, mit 47, erkrankt er schwer. Schlingensief habe Krebs und sei in einer Berliner Klinik operiert worden, stand in den Zeitungen. Ihm soll ein Lungenflügel herausoperiert worden sein, erzählte Udo Kier, ein Schauspieler. Beruflich ging es Schlingensief bis dahin gut. Kritiker und Teile des Publikums regen sich immer noch auf über seine Stücke, er hat also Erfolg. In der Kunstsammlerin Francesca von Habsburg, Tochter des verstorbenen Hans Heinrich Thyssen-Bornemisza, hat er eine Mäzenin gefunden, die einige seiner Aktionen unterstützt.

Friendly Harry

Die Frage: Ist Harald Schmidt im Gespräch so gut wie im TV? Die Antwort: Wir drucken diese Kolumne zum ersten Mal in zwei Teilen.

»Dirty Harry: Ich finde ihn schlecht, weil er hatte Krebs«: Harald Schmidt.

»Interviews von Ihnen sind weniger lustig, als wenn Sie im Fernsehen auftreten.«

»Mhm.«

»Vermutlich, weil Journalisten in die Klugheitsfalle tappen. Ich werd darum keine klugen Fragen stellen.«

»Haha.«

»Es sei denn, es langweilt Sie, wenn es nicht klug ist.«

»Nee, also, ich versuche ja, auf das zu antworten, was gefragt wird.«

»Ich bin der erste Schweizer, dem Sie ein Interview geben.«

»Ich bin ein großer Schweiz-Fan. Aber es wird wenig angefragt.«

»Echt?«

»Und dann sag ich immer: Liebe Grüße, aber, ähm, ich bin eher dran interessiert, in Zeitungen stattzufinden, die ich selber lese.«

»Und ich sitz hier, weil Sie den Tyler-Brûlé-Text von mir witzig fanden?«

»Mhm.«

»Tyler Brûlé führt zu Roger Schawinski.« (Herr Schmidt zitierte mal die *Neue Zürcher Zeitung*: Roger Schawinski sei Tyler Brûlé für Arme.)

»Sie waren hart zu Herrn Schawinski damals.«

»Nein, das war die normale Art, wie wir mit Sat.1-Geschäftsführern umgegangen sind. Ich hab eigentlich nur den Ausschnitt aus, das hieß, glaub ich, ›Kassensturz‹, gebracht. [29 Jahre alte Filmausschnitte von Herrn Schawinski beim Rasieren] Und aus seinem Buch haben wir zitiert.«

»Aus *Lebenslust bis hundert*?«

»Ja, aus mehreren Büchern.«

Herr Schmidt trägt heute einen schlammfarbenen Anzug, ein helles Hemd und spitze braune Wildlederschuhe. Er ist im Gespräch so einfallsreich und geistig beweglich wie in seiner Sendung, aber irgendwie menschenfreundlicher und weniger abgeklärt. (Genau umgekehrt wie Herr Schawinski und Tyler Brûlé, die im Fernsehen ja fast ansprechend rüberkommen.) Seine Firma Bonito TV (Thunfisch TV also) liegt in einem Viertel, wo es sonst nur türkische Geschäfte und alte Fabriken gibt. »Köln-Mülheim ist eine harte Gegend zum Lustigsein, ja?«

»Also ich mein, Köln ist ja so unten, weiter geht's gar nicht. Mittlerweile find ich's eigentlich toll. Es hat so ein bisschen Drittwelt-Status.«

»Ziehen Sie nach Zürich, die meisten Deutschen sind schon dort.«

»Zürich hätte mich gereizt. Ich stell fest, es gibt zwei Coolness-Orte: Zürich und das Park Hyatt in Tokio. Sven Väth geht hin zum Chillen, stand, glaub ich, bei Ihnen. Tyler Brûlé ist ja mittlerweile in Dänemark – sich aufs Holz legen, ein einfaches Hemd, Zeitschriften von Mutter, kalt baden: toll. Wie ist das Park Hyatt in Zürich?«

»Eine schlechte Kopie des Park Hyatt in Tokio, sagt Michel Comte, der Fotograf.« (Weil nur ein Tuch in der Kleenex-Box im Zimmer und der Anfang der Toilettenpapierrolle nicht zu einem Dreieck gefaltet war.)
»Also genau richtig für mich.«
»Stimmt das, was im *Stern* stand, dass Sie Ihre Pointen aus dem Stegreif erzählen?«
»Nee, da kann ich den großen Schweizer Kurt Felix zitieren: ›Man kann nur eine Pointe aus dem Ärmel schütteln, wenn man sie vorher reingetan hat.‹« Er kann gut nachäffen, wie Schweizer Schriftsprache sprechen. »Eine Puähnte aus däm Ährmel schüttlen. Haha.«
Dann bittet er um Entschuldigung. Ich versichere, dass mich das nicht treffe. Was nicht stimmt. Eigentlich mag ich es lieber, wenn ich meine Interviewgäste auslachen kann.
»Kurt Felix hat Sie mal zum Spaghetti-Essen eingeladen bei sich und Paola. Gingen Sie hin?«
»Nee, war ich nie. Wir kennen uns kaum.«
»Fanden Sie ihn lustig?«
»Nein. Aber er hatte einen so unfassbaren Erfolg, und man fand die Filme lustig. Aber ich glaube, er selber fand sich auch nicht lustig.«
»In der Schweiz darf man nicht schlecht über ihn sprechen. Weil er Krebs hatte. Wie sehen Sie das, darf man Herrn Felix schlecht finden?«
»In dem, was er gemacht hat? Ja, klar. Aber wenn ich das sage, wird es in den Boulevardzeitungen verkürzt auf: ›Dirty Harry: Ich finde ihn schlecht, weil er hatte Krebs.‹« (Unsere Boulevardzeitungen würden vermutlich nicht auf die Idee kommen. Einmal zitierte, nebenbei, die *Schweizer Illustrierte* aus meiner Kolumne mit Ilona Hug. Leider verkehrt, die Puähnte lief genau andersrum.)
»Sibylle Berg hat geschrieben, Ihre Sendung werde fast nur von Männern geschaut, was gut sei, weil die dann weg von der Straße sind und keinen Unfug anstellen.«
»Ja, es sind ungefähr 60 Prozent Männer. Die haben so 'nen Leichtfrust, der noch nicht ins Pathologische geht. Halt mit Familie, man hat sich irgendwie arrangiert, aber man braucht abends einen, der's mal sagt.«
»Und weshalb sprechen Sie wenig Frauen an?«
»Zu kalt. Zu böse. Kein Kuschelfaktor. Und weil ich die Wahrheit sage. Das ist natürlich, hehe, das Härteste, nicht?« (Fortsetzung in der nächsten *Weltwoche*.)

Februar 2005

Friendly Harry, 2. Teil

Die Frage: Ist Harald Schmidt im Gespräch so gut wie im TV?
Die Antwort: Er ist besser. Jedenfalls solange es um Frauen geht.

»Suzana, Ihre blonde Assistentin von früher, gab der Zeitschrift *Bolero* ein Interview. Die Journalistin sagte: ›Harald gilt auch als sexy. Haben Sie für ihn geschwärmt?‹ Suzana: ›Die Frage stellte sich nie. Er war eine Art Vaterfigur für mich.‹ Erschütternd, oder?«

»Nee, das hat die Suzana mir sogar mal persönlich gesagt. Ich glaube, sie wollte mehr Geld. Da muss man sich reinfinden, das hab ich gemerkt, als wir noch Gäste hatten. Dann kamen diese ganzen Models und, äh, Viva-Girlies und Schauspielerinnen. Man darf dann nicht so tun, wenn man auf die fuffzig zugeht, als hätte man überhaupt noch 'ne Form von Wirkung. Es sei denn, man sagt ganz klar: ›Bei so viel Kohle bleibt dir gar nichts übrig, als dich hinzulegen.‹ Aber das wissen die ja heute.«

»Ehrlich?«

»Ja, die reden gar nicht mehr drum rum. Mir tut manchmal der Gottschalk ein bisschen leid, wenn ich ihn in ›Wetten, dass …?‹ sehe und er dann so fiftiesmäßig kuschelig wird. Also entweder man ist Jack Nicholson oder dann halt wie Michael Douglas, der jetzt bei Zeta-Jones den Haushalt führt. Aber sonst kriegt das so was Sugardaddymäßiges, was eher Mitleid hervorruft.«

(Für Leser, die den ersten Teil in der *Weltwoche* vom 10. Februar nicht gelesen haben, hier noch mal das Wichtigste:) Herr Schmidt gibt mir ein Interview. (Weil er meinen Text über Tyler Brûlé witzig fand.) Und da Herr Schmidt ein Superstar ist und für Schweizer Journalisten seit Jahren keine Zeit mehr hatte, bin ich zurzeit selbst so etwas wie ein Star bei der *Weltwoche*. Die Chefredaktion wollte eigentlich, dass ich eine große Geschichte über Herrn Schmidt schreibe und nicht bloß »deine Seite dort hinten«. Die gefundene Übereinkunft: eine Kolumne in zwei Teilen. (Von nun an plane ich, nur noch Superstars zu interviewen und in vier oder fünf Teilen zu bringen, weil das weniger mühevoll ist. Das *Magazin* hat das seit längerem erkannt, dort ist gerade Superstar Fiona Hefti – Miss Schweiz 2004 – vier- oder fünfteilig drin.) Herr Schmidt hat heute, nebenbei, einen schlammfarbenen Anzug an, ein helles Hemd und spitze braune Wildlederschuhe.

Und seine Firma ist in Köln-Mülheim.

»Welche Frauen fühlen sich denn durch Sie so angesprochen?«

»Ich war ja nie der Typ, der auf dem Charmeticket gereist ist. Insofern hat sich für mich die Frage nicht so stark gestellt.«

»Aber Sie haben doch bestimmt Groupies?« (Wozu ist man denn sonst der Medienwelt-Gegenwert eines Silberrückengorillas? Ich mein, ich hab ja sogar welche.)

»Es sind Frauen, die so 'n bisschen vom Leben gestreift sind. Wobei ich ja so 'ne leichte Behinderung sehr erotisch finde. So 'n sanfter Buckel oder 'n leichtes Hinken auf dem Weg zur Toilette, das find ich toll. Und man hat natürlich diese Klischees, also Buchhändlerin mit Brille und Dutt, die dann im, äh, Bücherlager zum Tier wird. Aber, öh …«

»So ist es, oder?«

»Nee, es sind wenig Frauen, die zum Beispiel um Autogramme fragen. Und wenn, dann ist es immer entweder: ›Eh, mein Freund steht total auf Sie‹, und zwar so bedauernd, so: ›Also er ist eigentlich nett, aber leider steht er auf Sie.‹ Oder dann: ›Meine Mutter ist ein totaler Fan von Ihnen.‹«

Es geht irgendwie nicht auf: Er ist witzig, das Wichtigste für Frauen ja angeblich, hat die »schönsten Hände im deutschen Fernsehen«, sagte Anke Engelke im *Stern*, und den größten Lohn. (Ich vermute, er macht sich klein, weil er schon drei Kinder hat mit zwei Frauen und seine Freundin ziemlich jung ist.) Irgendwie scheinen »witzige Hände« eben doch nicht zu reichen, entgegnet er.

»Ich hab einen großen Satz von Ihnen: ›Ich habe mal mitbekommen, wie ein Heli mit vier Japanern ins Matterhorn gerast ist. Das hat dem Berg überhaupt nichts gemacht.‹«

»Ich find halt die Schweizer Alpen jedes Jahr mehr faszinierend, wirklich. Das Großartige ist dieses Einfach-nur-da-Sein: Man ist da, man ist beschneit, man ist vereist. Mal geht 'ne Lawine ab, mal nicht, spielt keine Rolle. Wie Dieter Hildebrandt gesagt hat: ›Der Berg ruft nicht, er kommt selber.‹ Als ich das letzte Mal auf dem Jungfraujoch oben war, war die Heli-Rettung da. Da wurde gerade so eine in Schokoladenpapier verpackte Oma eingeschoben. Die Schweizer Heli-Piloten, die sind natürlich so supercool, diese roten Anzüge mit dem Schweizerkreuz drauf … Ich glaub, dass die bei den Weibern abräumen.«

»Der Pfarrer in der Gemeinde, wo Sie Zivildienst leisteten, hat gesagt, Sie wären auch ein guter Pfarrer geworden.«

»Glaub ich auch. Es ist eigentlich derselbe Job, was ich jetzt mache.«

Februar 2005

Was seither geschah

Er macht seit diesem Interview immer noch dies und das und ziemlich viel – eine Zeitlang Late-Night-Shows im Fernsehen, eine Zeitlang mit Oliver Pocher, Moderationen von, unter anderem, Bambi-Verleihungen, Auftritte in Theaterstücken, Touren als Kabarettist durch Hallen im Land und, und, und. Und doch konnte er wohl nie mehr zu seiner alten Form zurückfinden und die Ausstrahlung wiedererlangen, die er in den Jahren zuvor mit seiner bis zu fünfmal wöchentlich stattfindenden »Harald Schmidt Show« auf Sat.1 hatte. Falls ich ihn wieder treffen sollte, würde ich vermutlich sagen, was Braque zu Picasso angeblich gesagt haben soll: »Sie waren ein Künstler, jetzt sind Sie bloß noch ein Genie.«

Die Riesencrevette

Tilda Swinton, Queen des Arthouse-Kinos, sei kaum fassbar in ihrer Tiefe (*Weltwoche*). Unser Kolumnist deshalb aus der Untiefe.

»So macht man das«: Tilda Swinton, Schauspielerin und Engländerin.

»Danke, dass Sie mich treffen.«

»Danke, dass *Sie* mich treffen.«

»Die *Weltwoche* sieht so aus.«

»Sagenhaft, uh, ich liebe das Papier. Werden Sie mit Mister, ähm, Mills reden über ›Thumbsucker‹?« (Der Regisseur eines neuen Films mit ihr.)

»Nein, weil was ich mache, ich schreib eine Kolumne über Leute, das steht in der Anfrage, die kommt aber nie bis zum Gesprächspartner …« (Ich mag den Zeitpunkt, wenn ich das sage – die Gesprächspartner tun dann ein wenig niedergeschlagen.)

»Richtig, okay, Sie sind ein People-Redakteur. Lassen Sie uns nicht über Filme reden. Ich liebe dieses Bild, ich find es erstaunlich.« (Das Titelbild der *Weltwoche* – eine Frau kämpft mit einem Mann, sie steht, er liegt auf dem Rücken, es geht um Matriarchatsstudien.)

»Weshalb lecken Hunde ihre Eier?« (Das kam von ihr, sie redete vom Filmemachen, aber das geb ich nicht wieder, nur dies: Es ging darum, weshalb Filmemacher, die mal *underground* waren, plötzlich Kassenschlager machen.)

»Weil sie es können.«

»Der Witz ist gut, ich kenn ihn so: Weshalb haben Rockstars immer Supermodels zur Freundin?« (Simon Le Bon von Duran Duran hat ihn erzählt, nicht bei mir, sondern in *Vanity Fair*.)

»Da wir's grad von Supermodels haben, Sie waren in der Jury beim Festival von Cannes mit Emmanuelle Béart …«

»Sie ist extrem intelligent.«

»Nur kennt niemand einen Film mit ihr, dafür jeder ihr Äußeres, Männer wenigstens.« (Oder? Blond meistens, große Augen, kleine Nase, volle Lippen, nackte Brüste meistens …)

»Richtig. Und sie ist ein Mensch mit Prinzipien.« (Kennt jemand einen Film mit Frau Swinton, nebenbei, außer »The Beach«?)

»In *Newsweek* war ein Porträt von Ihnen …«

»Das, *of course,* ich nicht gelesen hab, zum Glück.« (Weshalb »zum Glück« dann?)

»Die Überschrift, wie Sie wissen, war …«

»Weiß ich nicht, was war es?« (Ist das noch cool oder schon gefallsüchtig?)

»›Der Anti-Star‹.«

»Ah, wirklich? Okay. Ich mag lieber ›Der Underground-Superstar‹, das ist wie ›Die Riesencrevette‹, ich lieb das.« (Ich auch, weil ich die längste Zeit nachgedacht hab, woher eine lustige Überschrift für dieses Gespräch nehmen.)

»Es kommt aber drauf an, was man mit ›Star‹ meint.« (Darauf muss ich was sagen, mit dem sie nichts anfangen kann – sonst wird's langweilig wie eins der Interviews mit ihr, die grad anderswo laufen.)

»Ich bin nicht gut in Begriffsbestimmung.«

»Ich auch nicht.«

»Ich hab zwar ein Buch geschrieben, das heißt *How to be a Star*.«

»Sie sollten es wissen.«

»Möchten Sie ein richtiger Star sein?« (Falls Sie jetzt sagt: »Kommt drauf an, was Sie mit ›richtiger Star‹ meinen«, sag ich: »Jemand, dessen Namen man kennt in der Redaktionskonferenz.«)

»Es widerstrebt mir nicht, Geld zu verdienen. Offiziell, haha.«

»Sie sind die Muse von Viktor und Rolf, ja?« (Nicht die Deutschen mit den Tigern in Las Vegas – auch ein Paar zwar, aber Niederländer, und sie machen Mode.)

»Wie wird man eigentlich Muse?«

»Man hat eine enge Arbeitsidentifikation mit einem schwulen Mann, wenn man eine Frau ist, so macht man das.«

»Und was tut man dann als Muse?«

»Wir sind Freunde, das ist die Basis unserer Arbeitsbeziehung, und sie denken an mich, wenn sie Kleider zeichnen.«

»Sie machten mal einen Dokumentarfilm, hab ich gesehen, mit Michelle Hunziker …«

»Wer?«

»Michelle Hunziker, ein Mädchen, so was wie der einzige Schweizer Superstar …«

»Erinnern Sie mich.«

»Sie tritt auf im Fernsehen, war verheiratet mit einem Popstar aus Italien, damals.«

»Ich weiß, wovon Sie sprechen, ist sie so ein bisschen eine Schönheit und blond?«

»Ja, bestimmt.«

»Und sie haben ein Baby? Sie war in diesem Film, den wir machten … Ich kann ihn immer noch nicht beschreiben, es ist Jahre her.« (»The Protagonists«, 1999.)

»Hello.« (Zu einer Frau, die aufstand und zu ihr trat, wir sind im Hotel Storchen.)

»Hi, entschuldigen Sie, wenn ich störe. Wie geht's?«

»Gut, danke.«

»Sie waren gut in, äh, ›The Beach‹.«

»Danke.«

»Sie machten mir Angst, allerdings.«

»Nun, okay …«

»Kann ich ein Bild machen?«

»Sicher.« (Karen, aus Ottawa, lebt in Zürich, will nie mehr weggehen, so sieht's aus.)

»Entschuldigung, wir sind in einem Interview.« (Das kam von mir.)

»Ah, sorry, hab ich nicht gesehen.« (War auch schwer – Tonbandgerät auf dem Tisch, Notizbuch auf den Knien, Anteilnahme im Gesicht.)

»Also dann, oh, ich weiß Ihren Namen nicht …«
»Tilda.«

Dezember 2005

Was seither geschah

Nach diesem Interview wurde sie berühmt. Vermutlich nicht wegen dieses Interviews allerdings, sondern unter anderem wegen des Academy Award für die beste Nebenrolle, den sie für ihre Darstellung der Karen Crowder in dem Film »Michael Clayton« (mit George Clooney) bekam. Eine fast noch größere Leistung ist es jedoch, dass sie trotz des Oscars und weiterer Filmrollen neben Clooney und Brad Pitt immer noch irgendwie den Eindruck einer Schauspielerin vermittelt, die bisher nur Studiofilme gemacht hat. Dazu trägt vielleicht auch bei, dass sie in der Zwischenzeit in Interviews erzählt, wie es sich so liebt und lebt mit einem älteren Mann (und Vater ihrer Zwillinge) und einem jüngeren Mann (und Lover). Dieses Jahr ist sie zudem Präsidentin der Berlinale-Jury.

Der Silberrücken

Taki Theodoracopulos ist ein Ass in der Debatte, in der Ehe und im Sport.
Warum fällt so ein Mann vom Barstuhl?

»Männer mögen Frauen, Frauen mögen Kinder, Kinder mögen Hamster«: Taki Theodoracopulos.

»Was ist passiert mit Ihrer Hand?« (Zwei Finger seiner Linken sind gebrochen.)

»Was mit meiner Hand passierte, ist nicht, was mit meinem Ruf passierte: Es wurde verbreitet, ich hätte gegen Ernesto Bertarelli gekämpft, um seine Frau Kirsty.«

»Sie wäre es wert, oder?«

»Vielleicht, ich weiß nicht.«

»Vom Aussehen her, mein ich.«

»Ja, aber es passierte nie. Tatsächlich fiel ich im Palace in Gstaad vom Barstuhl, und Bertarelli war dort. Das ist ein Schlag, nach 40 Jahren Kampfkunst und Boxen und Ringen und Karate und Judo. Ich glaub, ich verliere nicht viele Kämpfe. Ich kämpfe ja nicht mehr.«

»Weshalb fällt ein vernünftiger Sportler wie Sie vom Barstuhl?«

»Weil ich sehr betrunken war.«

»Weshalb ist ein vernünftiger Sportler wie Sie betrunken?«

»Ich vermute, in meinem Alter verträgt man keine Drinks mehr.«

Ich habe bereits über ihn geschrieben, vor zwei Jahren: »Ich parkte in der Garage, die ein Tor aus geschnitzter Eiche hat und in der es Wandspiegel gibt. Ich fragte, ob ich meine Ferien darin verbringen dürfe.« Das fand Roger Köppel, damals Chef der *Weltwoche*, so lustig, dass er mich anrief. (Deshalb wiederhol ich den Witz, mit Angabe der Quelle. Weil sich selber zitieren geht eigentlich, find ich.) Und super Witze fallen niemandem jedes Mal ein, außer Roger Schawinski vielleicht. (Nur nicht damals, als er in der *Weltwoche* schrieb.)

»Ich lobe meine Freunde und greife meine Feinde an«, sagt Herr Taki, der Kolumnen schreibt für englische, amerikanische und griechische Zeitschriften und mein Vorbild ist. (In der *Weltwoche* hatte er auch mal eine, aber die mochte keiner, außer Herrn Köppel und mir.) Herr Schawinski, nebenbei, ist nicht mein Feind. (Aber lästig finde ich es schon, dass er allen Interviews gibt, nur nicht mir.)

»Sie sollen Valentino, den Modeschöpfer, auf dessen Feste Sie gehen in Gstaad, ›Vaselino‹ nennen …«

»Nein. Ich hab mal geschrieben, ich verwechselte ihn mit der Kaiserwitwe von Japan, das ist aber lange her, jetzt sind wir Freunde.«

»Wie geht das, so etwas zu schreiben und Freunde zu werden?« (Ich mein, ich hab nie etwas, das dem nur nahekäme, über Arthur Cohn oder Jürg Marquard geschrieben – aber die haben sich über mich beschwert bei meinem Chef.)

»Es hat damit zu tun, dass ich dazugehöre.« (Er ist ein Nachfahr der griechischen Königsfamilie und verheiratet mit Alexandra Prinzessin von Schönburg.)

»Auch weil Sie Charme haben?«

»Weiß ich nicht. Ich denke, die meisten Menschen lesen gern über sich, obwohl sie vorgeben, es sei nicht so.« (Ich hab Icordo, nebenbei, den Mann von Uriella, einer Sektenanführerin, um ein Gespräch

gebeten. »Der Heiland gibt kein grünes Licht«, hat er gesagt, nachdem er mein Fax auf den Altar gelegt habe. »Akzeptieren Sie – und ändern Sie den Stil«, hat er auch noch gesagt.)
»Was halten Sie von Treue?«
»Ich sag es mit der berühmten Bemerkung von Gianni Agnelli: Man kann ein treuer und schlechter Ehemann sein. Und ein untreuer und sehr guter Ehemann. Ich bin das Letztere. Das ist die Entschuldigung für immer, perfekt.«
»Monogamie und Männlichkeit schließen sich aus, ja?«
»Ich hatte tatsächlich eine Debatte in London, die ich gewann. Ich verteidigte Monogamie. Als ich aufstand, um zu sprechen, fingen alle zu lachen an, 900 Leute. Ich sagte, ich sei 28, ich sähe nur älter aus, weil ich nicht monogam sei. Dann sagte ich, Polygamie sei undemokratisch – in einer polygamen Gesellschaft muss man gut aussehen und reich sein, um vögeln zu können. Und Polygamie sei Zeitverschwendung, Frauen nachjagen den ganzen Tag … Natürlich glaubte ich kein Wort von dem, was ich sagte.«
»Gab es Frauen im Publikum?«
»Jemima Goldsmith war dort, und Hugh Grant.«
»Sagen Sie was Kluges zu diesen Stichwörtern: Männer und Frauen.«
»Männer mögen Frauen, Frauen mögen Kinder, Kinder mögen Hamster. Ist der gut?«
»Brillant. Drogen?«
»In unserem Alter nimmt man kein Kokain, sondern Kortison. Sagte Gianni Agnelli zu Gunter Sachs.«
»Gefängnis?«
»Was mich beeindruckte: wie absolut nutzlos, mitleiderregend und dumpf und langweilig die Häftlinge waren.« (Er war einige Monate im Gefängnis wegen Kokainschmuggels.)
»Was ist das Verrückteste, das Sie gemacht haben?«
»Kokain durch den Zoll zu nehmen ist nicht das Klügste. Das andere: russisches Roulette spielen mit einem Vietnamesen, wir waren allerdings betrunken.«
»Und?«
»Alexandra kam und nahm die Pistole und warf sie weg.«

April 2005

Was seither geschah

Eigentlich schön, dass es in diesen Zeiten noch Menschen gibt, deren Leben sich über ein paar Jahre hinweg nicht groß verändert. Sir Taki, wie er genannt wird, schreibt noch immer Kolumnen (zum Beispiel für den *Spectator*, eine Londoner Zeitschrift); er verbringt noch immer den Winter in Gstaad, den Frühling und Herbst in New York und den Sommer auf seinem Boot, der »Bushido«, im Mittelmeer. Er legt sich noch immer mit jedem an, der ihn stört, mit Muslimen, Arabern und Neureichen besonders. Er ist noch immer der liebenswerteste und hilfsbereiteste Reiche, den ich bisher kennenlernte. Er rennt noch immer von seinem Chalet am Oberbort in Gstaad (circa 950 Meter ü.d.M.) auf den Wasserngrat (1900 Meter ü.d.M.). Und er trinkt noch immer wie ein Fisch. Nur vom Barhocker ist er nicht mehr gefallen. (Oder falls doch, hat niemand darüber berichtet.)

Der Alte

Sven Väth ist wohl der reichste Discjockey Europas. Und vierzig.
Ist das noch cool? Oder bereits ein wenig traurig?

»Deswegen sind in Goa auch alle asexuell«: Sven Väth.

»Wie sieht der Tag eines DJs eigentlich aus, wenn er nachts auflegt?«

»Bei mir hat es generell was mit meinem Rhythmus zu tun, weil ich natürlich 'nen zeitversetzten Rhythmus hab. Weil ich länger schlafe, meistens bis vormittags um elf, zwölf. Und dann fang ich den Tag mit Sport an, mit meinem Personal Trainer, der mich jetzt schon seit zwei Jahren fit hält. Dann geh ich zu mir in meine Agentur und schau, was es zu erledigen gibt. Ich bekomm unwahrscheinlich viel Schallplatten geschickt, Promos, weil es ist natürlich für die Labels, ähm, superinteressant, wenn der Herr Väth mal 'ne Scheibe spielt von ihnen.«

»Ihre Hauptarbeitszeit ist zwischen ein Uhr und fünf Uhr morgens, nicht wahr? Aber es gibt doch diese Theorie, dass der menschliche Organismus zu dieser Zeit gar nicht fähig sei zu Höchstleistungen. Glauben Sie daran?«

»Also es kommt darauf an, was man macht. Ich glaube, Liebe kann einen sehr erfüllen, und es ist egal, um was für eine Uhrzeit man aktiv ist, wenn man das tut, was man liebt.«

Der Angestellte an der Rezeption habe ihn erkannt, sagt er dann. (Wir sitzen in der Halle des Park Hyatt Hotel in Zürich.) Ich entgegne, das sei bestimmt schön. Und sage dann, dass es gut rieche in der Halle, nach Weihrauch. Er erwidert, das sei sein Parfüm, nicht die Halle.

»Echt? Was tragen Sie denn?«

»Das neue von Gucci, ›Home‹ heißt es.«

»Eigenartiger Name, finden Sie nicht?«

»Ja, tatsächlich.« (Das Parfüm heißt »Homme«, nebenbei.)

Seine Frisur ist auch ein wenig merkwürdig: langes Deckhaar, sehr kurze Seiten. So ähnlich wie bei New-Wave-Musikern vor 20 Jahren. (Bloß hatten die volles Haar damals. Bei ihm erinnert es ein wenig an die Frisur von Arthur Cohn, nur dass Herr Väth sein Haar vermutlich nicht färbt.)

»Oliver Stumm, ein Schweizer DJ, hat gesagt: ›Die meisten DJs sind nicht sehr gutaussehend. Es sind die Jungs, die als Schüler Platten auflegten, weil kein Mädchen mit ihnen tanzen wollte …‹«

»Hahaha …« (Bei Oliver hat das was, nebenbei erwähnt.)

»Aber Sie sind ja noch immer gutaussehend genug.«

»Bei uns in der Ortschaft gab's das gar nicht, DJs. Da hat man Kassetten eingelegt, und das war's.«

»Aber heute kann man sagen: DJ ist der beste Beruf, um Mädchen kennenzulernen, oder?«

»Ob's der beste ist, ähm, weiß ich nicht. Aber gehört auf jeden Fall in die Top Ten. Warum gehen die Leute eigentlich weg? Sie wollen gut drauf sein, ja? Wenn da der DJ die richtige Platte spielt, ähm, dann gehen die Herzen auf.«

»Und der DJ kann jede Frau haben?«

»Also, mir ging's nie darum. Klar, man bekommt Angebote, es gibt Groupies, aber mein Gott, ich bin jetzt auch schon seit so vielen Jahren dabei. Und man kennt das Spiel letzten Endes, was da nachts passiert.«

»Ehrlich, man bekommt Angebote?«
»Ja, sicher. Kriegst mal 'ne Telefonnummer zugesteckt: ›Komm doch nachher mal vorbei …‹«
»Aber die Clubs haben ja endlos lange auf.«
»Ja, da bleibt keine Energie, kein Saft mehr übrig, hahaha. Deswegen sind in Goa auch alle asexuell.«
Er führt seit neustem den Cocoon Club in Frankfurt, wo er lebt. (Der soll mehrere Millionen Euro gekostet haben; in Zürich legt er alle paar Monate auf.) Und ist ein wortreicher, eigentlich angenehmer Gesprächspartner. Wenn er auf Musik zu sprechen kommt, wird er vielleicht ein wenig lang. (Ähnlich wie Mark Knopfler, der aber sagte: »Unterbrechen Sie mich ruhig, ich langweile sogar Musikjournalisten.«) Und auch wenn er über seine Stimmungslage spricht (»Und in dem schnellen Leben, das wir leben – so ein DJ-Life ist ein Hightech-Nomadenleben –, muss man seine Ruhe und seine Mitte finden. Ich sag mal: Zen.«), wird klar, dass er große Wissbegierde seiner Zuhörer als gegeben nimmt.
»Es gibt ein paar Berufe, bei denen man aufpassen muss, dass man nicht tragisch wirkt, wenn man älter wird, ja?«
»Das stimmt.«
»People-Journalist zum Beispiel und DJ …«
»Bei People-Journalist kann ich mir das nicht vorstellen.«
»Echt? Und wenn ein Sechzigjähriger Sarah Connor interviewt?«
»Ich würd das nicht schlecht finden. Ich hab meinen Respekt vorm Alter. Ich unterhalte mich gerne mit älteren Menschen. Wegen so, so Weisheit und Lebenserfahrung …«
»Werden Sie den Beweis antreten, dass man auch mit sechzig noch als DJ cool und authentisch sein kann?«
»Wenn's so ist, wird's so sein.«

Dezember 2004

Der Boxer

René Weller war Weltmeister im Leichtgewicht. Durchs Leben (und durchs Interview) schlägt er sich eher leidlich.

»Du, bei mir gibt's nur Gut und Böse«: René »der Schöne« Weller.

»Weshalb bekommen Boxer eigentlich immer die schönsten Frauen?«
»Ja, ich hab sehr schöne Frauen gehabt. Eine, die Brigitta – mit der war ich neun Jahre zusammen –, war ›Queen of the World‹. Und Fotomodell. Die war auch intelligent und wird immer viel verdienen …«
»Aber was zieht Frauen denn an einem Faustkämpfer an?«
»Ich glaube, die Männlichkeit. Oder das Starke. Und dann ist es Folgendes, was ich noch sagen muss: Es gibt viele, die glauben, wenn sie so ganz lieb sind, dann kommen sie ran an Frauen. Aber jede Frau will 'nen Mann zu Hause. Die wollen keinen, der nur gut ist. Die wollen einen, der sie beschützen kann.«
»Und was ist mit dem ›neuen Mann‹, der zu Hausarbeiten und so bereit sein soll?«
»So einen will keine. Vielleicht für einen Monat. Aber dann weiß sie, sie hat 'nen Trottel.«
»Waren Sie verheiratet?«
»Nie. Aber ich hab zwei Kinder.«
»Von derselben Frau?«
»Ja, ich hab sie nicht geschont.«
»Nicht geschont?«
»Das war ein Spaß …«
Er ist von Hannover angereist, um sich befragen zu lassen. (Eigentlich lebt er auf Gran Canaria, aber er hatte geschäftlich zu tun in Deutschland. Er entwirft Schmuck und handelt damit. Und mit Uhren und Sportbekleidung. Den Flug zahlte die *Weltwoche*. Und das Taxi zum Flughafen will er ebenfalls zurückerstattet haben.)
»Bratwurst mit Bürli (Brötchen) – was ischt ein ›Bürli‹?«
Seine Stimme ist leise und klanglos, die eines Mädchens fast, der Akzent ist aus Pforzheim, wo er herkommt.
»Die lange ja ordendlich zu hier obe …«
Er legt die Speisekarte des Haute weg und bestellt Milchkaffee.
»Gibt's einen Bäcker um die Ecke? Ich ess mittags nur ein Nusshörnchen.« (Obwohl er Gast der *Weltwoche* wäre.)
Der »schöne René« (den Namen gaben ihm Journalisten, er nannte sich »Golden Boy«), 50, 62,5 Kilo (»seit ich 14 bin«), 1,77 Meter. Seine Augen liegen eng beieinander, ähnlich wie die von Präsident Bush.
»Ist Ihr Nasenbein gebrochen?«
»Ich will nicht unhöflich sein – aber fragen Sie irgendjemanden, wer von uns beiden die schönere Nase hat …«, erwidert er.
(Ich gewinne, sagt der Fotograf, der zwar ein Freund ist, aber unbestechlich, vermute ich.)

Sein Gang ist wiegend, die Arme hält er leicht angewinkelt vom Körper ab. Als er zurückkommt von der Toilette, schreibt er auf eine Autogrammkarte »Für Anke«. Anke vom Empfang habe ihn erkannt und angesprochen, sagt er. (Er habe sie angesprochen, sagt Anke aber.)

»Ist es im Leben manchmal von Nachteil, wenn man weiß, dass man der Stärkere ist und jeden umhauen könnte?«

»Nein, ich find es sehr gut, wenn man sich so fühlt. Ich hab aber auch nie Schwierigkeiten, weil ich sag gleich: ›Du, bei mir gibt's nur Gut und Böse.‹ Das hab ich auch denen auf der Alm gesagt.«

Er war in der »Alpen-Reality-Doku-Promi-Soap«, die auf ProSieben lief diesen Sommer, mit anderen »B-Prominenten« (*Spiegel*). (»B-Prominente«? Ich begrüße aber doch nur die A-Liste in dieser Kolumne – ach, der *Spiegel* …)

»Einer musste sich in die Jauche legen. Dann haben sich alle anderen auch da reingelegt, freiwillig. Alle außer dem René Weller. Ich hab gesagt: ›Bis hierher war Spaß. Aber wer näher rankommt als einen Meter, den knock ich aus – und das Minimum ist dann ein Kieferbruch.‹«

Seine liebsten Restaurants seien das Goldene Stadt und das Maxi. Sein Friseur ist Harald Fröschle in Pforzheim.

»Was ist das Wichtigste, was Sie gelernt haben im Ring und im Gefängnis?« (Nach vier Jahren Haft – unter anderem wegen Drogenhandels – wurde er vergangenes Jahr auf Bewährung entlassen. »Ich bin so reingelegt worden«, sagt er über die Verurteilung.)

»Was ich im Gefängnis gelernt habe – dass es den Sittenstrolchen am besten geht. Das hat mich geärgert ohne Ende. Und die werden geschützt vor den anderen …«

»Und im Ring?«

»Der Ring ist wie's Leben, nur geht alles rückwärts ab: Du stehst drin, bist allein; denkst, du bist stark. Der Gegner schlägt dich hart, du fällst auf'n Boden und fängst an, wieder wie ein kleines Kind auf allen vieren zu laufen. Ziehst dich hoch an den Seilen wie im Laufgitter, bis du wieder fest auf den Füßen stehst …«

September 2004

Was seither geschah

René Weller wurde nach unserem Interview fast so etwas wie mein liebster Gaststar, das heißt, er trat mehrmals bei Lesungen von mir in der Schweiz auf. Er verstand es, vor allem die Frauen im Publikum … nun ja … anzusprechen. Darüber hinaus ist er auch für fast alle Gefäße, die das Privatfernsehen bis jetzt erfunden hat, zu haben. Der im Text beschriebene Einsatz auf der »Alm« bei ProSieben blieb keine einmalige Angelegenheit. Ein einziges Mal, nebenbei gesagt, gelang es ihm seither, ein wenig mehr Medienpräsenz zu bekommen – er klagte gegen Günther Jauch, weil er sich von diesem in seiner Ehre verletzt sah (Jauch habe Weller als jemanden dargestellt, der ständig im Knast gesessen habe). Er verlor den Prozess, ebenso in der zweiten Instanz. René, den ich mag und schätze, zeigt besser als die meisten (außer Boris Becker vielleicht), wie lang und hart das restliche Berufsleben eines ehemaligen Sporthelden sein kann.

Die Fackel

Wilhelm Wenders macht gescheite Filme, immer noch.
Und er ist unlocker und eitel, immer noch.

»Ich bleib sitzen, der Stuhl ist so tief«: Wim Wenders, 60.

»Ich bin nicht Filmkritiker, ich hab eine Seite über Menschen.«

»Super, Mensch bin ich auch, nicht nur Regisseur.«

»Sie sind nicht frustriert, wenn ich nichts zum neuen Film frage?«

»Im Gegenteil, ich bin froh, dass ich mal über was anderes reden kann.« (Der *Weltwoche*-Filmkritiker fand »Don't Come Knocking« nichts als Ästhetik, nebenbei.)

»›Ich sitze im Kino immer in der zweiten Reihe, natürlich‹, haben Sie gesagt. Wieso ›natürlich‹?«

»Weil das die beste Reihe ist, weil man am nächsten an der Leinwand ist. Die erste ist schlecht, weil man sich verliert.«

»Hinten sitzen also Nichtkenner?«

»Ich versteh es nicht. Es ist so viel schöner vorne. Auch ist man ja meist alleine. Wenn der Film schlecht ist, kann man gehen.«

»Aber Sie sind doch einer, der Filme aussitzt.«

»Ich geh nur, wenn's fürchterlich ist.«

»Welcher war der letzte?«

»›World‹ … Spielberg … wie heißt der, dieser Science-Fiction-Film? Muss man vielleicht nicht schreiben.«

Als ich zu ihm gehe in die Loggia im Hotel Lausanne Palace, sagt er: »Ich bleib sitzen, der Stuhl ist so tief.« (Das ist er eigentlich nicht, aber das ist okay – Menschen mit auffallendem Benehmen oder komischen Umgangsformen sind oft Spannung erregende Interviewpartner. Langeweile dagegen bereiten die mit liebenswerten Gewohnheiten und unanmaßendem Wesen, Sina oder Heino zum Beispiel.) Er trägt ein weißes Westernhemd, bis oben zugeknöpft, eine Digitalarmbanduhr über der Manschette; enge, verwaschene Jeans und blaue Turnschuhe aus Segeltuch von Converse. In der Sonnenbrillenfassung von Ray Ban sind korrigierte Gläser. (Nicht schlecht gekleidet eigentlich, aber ich stell mir vor, wie die Verkäufer lachten, nachdem er das Geschäft verlassen hatte. Ich kann das aber alles nachvollziehen – seine Frau ist fast 30 Jahre jünger als er.)

»Ich interviewe oft Schauspieler und finde, es sind meistens nicht sehr gescheite und nicht so tiefe Menschen, wie man meint.«

»Ich hab eine höhere Meinung von Schauspielern. Ich glaub, dass Schauspieler im Leben, wenn sie kein Drehbuch haben, weiter schauspielern. Ähm, die haben den gefährlichsten Beruf der Welt – sich in so eine manchmal richtig schlimme Figur hineinzuversetzen, das ist nicht leicht. Und dann nach Hause zu gehen und wieder sich selbst zu sein, das ist richtig schwer. Ich kenn Schauspieler, die brauchen Monate, bis sie sich erholt haben.« (Das find ich stark, ich käme nie durch damit. »Mark van Huisseling erholt sich vom Sarah-Connor-Interview – der nächste ›Kaufzwang‹ erscheint am 10. November.«)

»Meine Theorie weiter: Wenn Schauspieler so gescheit und tief wären, wären sie Regisseure.«

»Tja, es ist ja so 'ne Krankheit, dass viele Schauspieler auch tatsächlich Regisseure werden. Regisseur ist eigentlich auch so ein Job, wo die Leute andere Vorstellungen von haben. Ich vergleich das mit jemandem, der eine Fackel anmacht und dann damit losläuft und sie jemand anderem gibt. Es geht durch viele Hände, und er ist der Einzige, der immer nebenherlaufen muss und aufpasst, dass das Licht nicht ausgeht.«

Er spricht mit wenig Ton und Klang, absichtlich, glaub ich – wer lernen darf von ihm, soll gut hinhören wenigstens. Denn er ist ja keiner, der Interviews geben will, oder? Ich find das ein wenig geziert, so, wie wenn Moritz Leuenberger spricht vor Zuhörern. Aber irgendwie auch zu Herzen gehend, dass Männer um die sechzig noch unlocker und geckenhaft sein können.

»Und was ist der Produzent?« (Langweilige Frage, könnte von einem Mitarbeiter von »Kulturplatz« auf SF DRS sein.)

»Es gibt den Produzenten, der sich als Financier versteht, und den kreativen Produzenten, der den Regisseur begleitet. Von denen gibt es wenige.«

»Was ist Arthur Cohn für einer?«

»Ich seh den Mann sehr kritisch. Ich habe auch Grund dazu. Das tut mir richtig leid, das mal öffentlich sagen zu müssen: Ich weiß, wie der Film entstanden ist, für den er den Oscar bekommen hat, als wir ihn nicht bekommen haben für ›Buena Vista Social Club‹, ich war stinkbeleidigt. Der Film war fast fertig, bevor er dazugekommen ist. Heute weiß niemand mehr, was das für ein Film war …« (»Ein Tag im September«. Herr Cohn hat mir die »Arthur Cohn Edition« geschickt, wie vermutlich allen Journalisten.)

»Jack Nicholson hat im *Spiegel* gesagt, als er in Deutschland war: ›Ich weiß nicht recht, wie ich meinen Freund Wim Wenders erreichen soll.‹ Ist der nicht recht gescheit? Ich sogar hab ja Ihre E-Mail-Adresse …«

»Ich weiß nicht, ob der gute Jack so auf E-Mail drauf ist. Aber wahrscheinlich hat er gedacht, den treff ich schon woanders.«

September 2005

Was seither geschah

Wim Wenders hat vermutlich meine Bewertung seiner Kleidung in diesem Text ernst genommen und ging dann in sich beziehungsweise einkaufen. Als er im vergangenen Jahr Jurypräsident des Filmfests von Venedig war, bekam er jedenfalls Applaus für seinen Look: »Einen hellgrauen Frack mit steingrauen Chucks zu kombinieren ist so ungewöhnlich wie lässig – Chapeau, Monsieur!«, stand in der *Sonntagszeitung* aus Zürich. Einen neuen Film hatte er auch noch im selben Jahr, »Palermo Shooting« mit Dennis Hopper und Campino von den Toten Hosen.

Der Joker

Klaus Wowereit ist Regierender Bürgermeister von Berlin und gilt als lustig.
Auf Wunsch erzählt er Witze im Interview. Kein Witz.

»Wisst ihr noch, vor 50 Jahren wollten wir alle aussehen wie die Bardot«: Klaus Wowereit, 50.

»Kann das Interview unter vier Augen stattfinden?«

»Was heißt ›unter vier Augen‹?«, erwidert er mit einem Bariton, der zu Charles Schumann passen würde.

»Das heißt nur Sie und ich.«

»Aha. Das versteh ich nicht.«

»Ein Gespräch läuft anders ab, wenn man zu dritt ist.«

»Ja, das Problem ist nur wegen der Autorisierung …«

»Unmöglich also?«

»Nö, also, der will ja nichts sagen, der ist ja immer still …«

»… und diskret«, beendet der Pressesprecher den Satz seines Chefs über sich.

Klaus Wowereit sieht so zutraulich aus eigentlich. Und wirkt »so heiter, dass man fast zur Sonnenmilch greifen möchte in seiner Gegenwart« *(Tagesspiegel)*. Doch nein sagen kann er. (Fast wie Roger Schawinski: »Wozu? Sie schreiben ja doch nur über sich selber«, entgegnete er, als ich um ein Gespräch bat. »Finden Sie?« – »Ja, ich habe keine Lust, Nebendarsteller bei Ihnen zu sein, nein danke.«)

»Weshalb sind eigentlich Sozialdemokraten meistens schlecht gekleidet?«, frage ich. (»Hehe«, macht der Pressesprecher, still und diskret.)

»Das weiß ich nicht. Aber vielleicht liegt's auch daran, dass natürlich im politischen Bereich … Öh, ja, aber ich glaube, es hat sich deutlich verbessert. Gerade bei den Jüngeren ist das nicht mehr ein Vorurteil, was man bestätigen kann.«

»Hatten Sie Vorbildfunktion vielleicht?«

»Na, für mich, wenn es ein Vorbild gegeben hat, dann war's Willy Brandt …« (Oder Dieter Meier? Der hört ebenfalls nicht zu, ist aber gut gekleidet.)

»Nein, ich meine: Waren Sie ein Vorbild der Jüngeren, die heute besser gekleidet sind?«

»Nö, das glaub ich nicht.«

»Haben Homos einen besseren Kleidergeschmack?«

»Das würde man klischeehaft unterstellen. Es gibt aber sehr viele schlecht angezogene homosexuelle Männer. Also insofern stimmt das nicht. Ich bin 'ne Waage. Und 'ne Waage hat bestimmte Charaktereigenschaften. Da würd ich das eher aufs Sternzeichen beziehen …«

Er trage gerne Boss beispielsweise, kaufe aber auch bei Wöhrl ein.

»Kenn ich nicht«, sage ich.

»Na, Wöhrl ist so … 'ne Kette, die nicht gerade zu den Edelboutiquen zählt.«

»So wie H&M, bloß für Ältere?« (»Haha«, macht der Pressesprecher, laut und indiskret.)

»Vielleicht«, sagt Herr Wowereit.

»In der *Süddeutschen Zeitung* stand, für einen Berliner seien Ihre Witze nicht so toll.«

»Mhm, das hab ich ja noch gar nicht gelesen.«

»Bitte treten Sie den Gegenbeweis an, erzählen Sie einen tollen Witz.«

»Ich hab wirklich einen sehr schönen. Und der ist auch relativ kurz: Sitzen zehn siebzigjährige Frauen zusammen zum Klassentreffen. Sagt die eine: ›Mädels, wisst ihr noch, vor fünfzig Jahren wollten wir alle aussehen wie die Bardot.‹ Pause. Auf einmal sagt 'ne andere: ›Ja, ja – und heute haben wir's geschafft.‹« (»Triff doch mal unseren Regierenden Bürgermeister – der ist bestimmt lustig«, hatte Ulf Poschardt, ein Kollege, den ich eigentlich schätze, mir geraten. »Fahr doch mal einen Opel Astra 1.3 ohne Klimaanlage zur Probe von Granada nach Sevilla im August – das ist bestimmt cool«, werde ich ihm raten bei Gelegenheit.)

»Dürfen Sie Restaurants nennen, die Sie mögen?«, frage ich. »Schweizer Bundesräte dürfen das nämlich angeblich nicht.« (Sagte der Sprecher von Samuel Schmid wenigstens, als er ein bereits verabredetes Gespräch mit mir absagte.)

Er dürfe. Er gehe in die Bar Centrale und in den Gugelhof für Tarte flambée, ins Margaux, ins V und ins – »ist doch klar« – Borchardt.

Dann sage ich: »Rolf Eden hat erzählt, er sei eingeladen worden, am Christopher Street Day auf einem Wagen durch die Stadt zu fahren – neben Ihnen ...« (Rolf Eden, Berlins ältester Playboy, soll 3000 Frauen gehabt haben, »Kaufzwang« vom 15. Juli 2004.)

»Ich war auf'm Wagen. Aber Rolf Eden? Der war nicht da. Ich glaub auch nicht, dass er groß eingeladen wurde. Aber von dem würd ich mich nicht abhalten lassen.«

August 2004

Der Letzte

Unser Kolumnist hat in viereinhalb Jahren 220 mehr oder weniger berühmte Leute interviewt. Fehlt eigentlich nur noch einer.

»Ich meinte, es werde ein wohlmeinendes Interview«: Mark van Huisseling, Kolumnist, 41.

»Du interviewst dich selber, ist das nicht schon fast traurig?«

»Ist das deine erste Frage? Ich meinte, es werde ein wohlmeinendes Interview.«

»Darf ich trotzdem eine Antwort haben?«

»Ich glaube, meine Antworten sind mindestens so lustig wie die von vielen Leuten, die ich schon befragt habe. Und die Fallaci hat sich auch mal selber interviewt.«

»Vergleichst du dich mit ihr?«

»Nein, eigentlich nicht. Aber der wirkliche Grund ist unoriginell: Der Redakteur, der für die Interviewausgabe von kommender Woche verantwortlich ist, sagte, er möchte ein Gespräch von mir mit mir selber da drin haben. Und dann wurde entschieden, dass in der Interviewausgabe nur Frauen vorkommen. Darum bringe ich das Interview mit mir schon in dieser Nummer.«

»Man hat dich also gezwungen sozusagen?«

»Ja, mit Geld.« Ich bin in meinem Büro in Zürich, es liegt zwei Stockwerke über meiner Wohnung. »Alles Klassiker von Charles Eames oder Eileen Gray, man geht kein Risiko ein und demonstriert dennoch Wohnkultur«, sagte Jasmin Grego, eine Innenarchitektin. Und »merkwürdig, wie dieses elegant sein wollende Understatement sich dem Besucher aufdrängt«, sagte Berthold Rothschild, ein Psychologe. (»Der Bewohner ist beruflich sehr engagiert – im Dienstbereich des Psychosozialen«, vermutete er weiter.) Der Psychologe und die Innenarchitektin kommentierten Fotos von meinem Büro und meiner Wohnung für eine Geschichte im *NZZ Folio*, einer Beilage der *Neuen Zürcher Zeitung*, in der Rubrik »Wer wohnt denn da?«. (Die Geschichte kam dann aber nie, weil eine Homestory über meine Frau, unseren Hund und mich in der *Schweizer Illustrierten* erschien, schließlich lesen dieselben Leute *Folio* und *SI*.) Ich habe einen marineblauen Pullover an von Martin Margiela über einem türkisfarbenen T-Shirt und Jeans von Paper Denim & Cloth. Wenn ich ausgehe, trage ich dazu schwarze Halbschuhe und ein schwarzes Jackett von Helmut Lang. (Ich bin also ähnlich gekleidet wie Tausende andere Männer um die vierzig, die auch alle meinen, sie seien recht eigen gekleidet.)

»Bist du jetzt eigentlich selber ein Star?«

»Warum sollte ich einer sein?«

»Weil du dieses Buch geschrieben hast, *How to be a Star*.« (Wenn Journalisten mich interviewen, ist das immer die Einstiegsfrage. Denken alle großen Geister gleich, oder schreiben sie voneinander ab?)

»Ich bin ein bisschen berühmt in der Branche.«

»Aber du wärst gern richtig berühmt, oder?«

»Ich muss nicht erkannt werden beim Bäcker, und für einen guten Tisch im Restaurant reicht es jetzt schon. [Im Kaufleuten zum Beispiel immer am Fenster.] Und für ein wenig höhere Honorare auch.«

»Kannst du eigentlich von dieser Kolumne leben?«

»In diesem Heft *Schweizer Journalist* stand, ich sei der zweitbestbezahlte Kolumnist, hinter Martin

Suter. Aber es reicht trotzdem nicht, deshalb schreibe ich noch Artikel für die *Weltwoche* und deutsche Zeitschriften.«

»Dann warst du in der Jury der Castingshow ›Superstar‹ auf 3 + [einem Schweizer Privatsender], hast du das nötig?«

»Das hat Dieter Meier auch gefragt.«

»Und?«

»Ich habe mitgemacht, weil ich sehen wollte, wie eine Fernsehshow gemacht wird. Und weil ich mit dem Senderchef bekannt bin.«

»Und dann hat man dich rausgeworfen, weil du zu hart warst. Wie hat dein Chef bei der *Weltwoche* darauf reagiert?« (Ich habe nur die Noten 1,5 und 10 vergeben. Die Kandidaten drohten dann, nicht mehr aufzutreten.)

»Gar nicht. Und für mein Image war es toll, glaube ich, sogar im *Stern* kam was darüber. Ich meine, ich bin zu hart fürs Fernsehen, wer kann das sonst schon sagen außer Rocco Siffredi?«

»Dieses Namedropping, meinst du, das sei sympathisch?«

»Ich bin kein Namedropper. Und Arthur Cohn ist auch keiner, hat er mir selber gesagt.«

»Hast du eigentlich ein Problem mit Arthur Cohn, Jürg Marquard und Roger Schawinski?«

»Herr Cohn, finde ich, täuscht nicht vorhandene gute Eigenschaften vor, Herr Marquard stellt für mich schlechten Lebensstil dar, und Herrn Schawinski kann ich eigentlich gut leiden, ich mag nur nicht, dass er mir nie ein Interview gibt.«

»Ein Journalist der *Schweizer Illustrierten* hat die gleiche Interview-Wiedergabetechnik wie du, mit Sicheinbringen und Kommentaren in Klammern, stört dich das?«

»Er ist erfolgreicher als ich, er trägt den Titel ›Leitung Wirtschaft‹. Und Coco Chanel hat mal gesagt, Nachahmung sei das ehrlichste Kompliment.«

»Das ist deine letzte Kolumne in dieser Form, was wirst du als Nächstes tun?«

»Ich habe mal Helmut Newton gefragt, was er als Nächstes tun werde.«

»Und was hat er gesagt?«

»Pinkeln gehen.«

Dezember 2006

Was seither geschah

Seit Anfang 2007 schreibt Mark van Huisseling eine andere Kolumne: Er befragt nicht mehr wöchentlich sogenannte Prominente, sondern geht zu Events, im Idealfall *dem* Event der Woche, und berichtet darüber in seiner Kolumne mit Namen »MvH« in der *Weltwoche*. Weiterhin hatte er, als dieses Buch in

Druck ging, eine sogenannte Society-Kolumne, die zweimal wöchentlich von Radio 1, einem Sender in Zürich, ausgestrahlt wird, sowie eine sogenannte Männerkolumne in *Amica*, einer Frauenzeitschrift. Und »er wurde auch auf dem Fernsehsender Viva gesichtet, was ihm bei gewissen Lesern den Vorwurf eingetragen hat, er prostituiere sich weiter und werde immer mehr zu einer der von ihm karikierten Figuren«, steht bei Wikipedia, der Enzyklopädie im World Wide Net. Das ist nicht ganz falsch, findet der Autor dieses Buchs und dieses Epilogs. Allerdings legt er Wert darauf, dass er nicht nur bei Viva zu sehen war, sondern auch bei anderen Fernsehsendern sowie in vielen Zeitungen und Zeitschriften, denen er Interviews zu seinen Themen gibt, in Deutschland und der Schweiz. Damit hat es bis heute zu rund 15 000 Fundstellen bei Google und einem Eintrag im *Who is Who* in Zürich gereicht.

Bildnachweis

Vincent von Ballmoos: 49 (www.vincentvonballmoos.com)
Gian Marco Castelberg & Maurice Haas: 61 (www.gmcastelberg.ch)
Dan Cermak: 17, 37, 121, 153 (www.dancermak.com)
Maurice Haas: 73, 81, 105, 109, 141, 157, 193 (www.bmr-fotografen.ch)
Tom Haller: 9, 29, 45, 57, 89, 129, 149, 165, 205 (www.tomhaller.ch)
Gregor Hohenberg: 69, 113 (www.gregor-hohenberg.com)
Regina Hügli: 93 (www.reginahuegli.ch)
Katerina Jebb: 145
Jung (Laif): 185
Heinz Peter Knes: 213 (www.heinzpeterknes.de)
Nina Lüth: 77 (www.ninalueth.de)
Axel Martens: 25, 65, 85, 117, 125, 209 (www.axel-martens.de)
Jozo Palkovits: 53, 201
Stefan Pielow (Focus): 181
Andri Pol: 33 (www.andripol.com)
Guadalupe Ruiz: 13, 173 (www.lupita.ch)
Snowdon (Camera Press London): 101, 137
Olaf Unverzart: 161, 177 (www.unverzart.de)
Muir Vidler: 41, 133 (www.muirvidler.com)
Susanne Völlm: 197 (www.susannevoellm.ch)
Marek Vogel: 21 (www.marekvogel.de)
Marc Wetli: 97, 169, 217 (www.wetli.com)